Agnes Reimer

Der Manager und sein Tierkreiszeichen

ISBN 3-8023-0903-0
Alle Rechte, auch des auszugsweisen Nachdrucks,
der fotomechanischen Wiedergabe und der Übersetzung
vorbehalten
Printed in Germany
Copyright by Vogel-Verlag, Würzburg
Herstellung: Vogel-Druck Würzburg

Inhalt

Widder – Der Kampfhahn 6
(21. III. bis 20. IV.)

Stier – Der Hamster 17
(21. IV. bis 20. V.)

Zwilling – Der ewig Suchende 26
(21. V. bis 21. VI.)

Krebs – Gespür für Menschliches 36
(22. VI. bis 22. VII.)

Löwe – I'm the Greatest 45
(23. VII. bis 23. VIII.)

Jungfrau – Die kritische Lady 53
(24. VIII. bis 23. IX.)

Waage – Der Diplomat des Alltags 61
(24. IX. bis 23. X.)

Skorpion – Der Ritter ohne Furcht 70
(24. X. bis 22. XI.)

Schütze – I did it my way! 79
(23. XI. bis 22. XII.)

Steinbock – Der redliche Knecht 89
(22. XII. bis 20. I.)

Wassermann – Der Zukunftsfreak 97
(21. I. bis 19. II.)

Fische – Die Tagträumer 107
(20. II. bis 20. III.)

Anhang 117

Vorwort

Die Astrologie hat ihre Anhänger und ihre Gegner. Fällen die einen beinahe keine Entscheidung ohne vorher die Sterne befragt zu haben, ist für die anderen die Bedeutung der Tierkreiszeichen schon Kaffeesatzleserei. Was also für die einen Ernst ist, ist für die anderen Unsinn. Unterhaltung kann es aber auf jeden Fall sein, sich selbst einmal, Mitarbeiter oder Vorgesetzte im typischen Tierkreiszeichen unter Management-Gesichtspunkten beschrieben zu sehen. Vielleicht ist es gelegentlich auch ganz hilfreich. Das war auch der Grund, warum die Zeitschrift „Management-Wissen" ein Jahr lang die vorliegende Artikelserie veröffentlicht hat. Diese löste bei den Lesern soviel spontane Zustimmung und Interesse aus, daß die Redaktion sich entschloß, die komplette Beitragsserie nun noch einmal in einem kleinen, liebevoll ausgestatteten Bändchen aufzulegen. Auch wenn man nicht unbedingt ein Anhänger der Astrologie ist, ergeben sich doch gelegentlich beim Studium der verschiedenen Charaktertypen verblüffende Einsichten in persönliche Stärken und Schwächen. Damit diese Aussagen insgesamt jedoch richtig gewertet werden, gab die Autorin seinerzeit im Tierkreiszeichen des Steinbock eine Einführung, wie die Daten der Astrologie generell zu werten sind. Für Leser, die sich noch tiefer informieren möchten, ist ein Anhang beigefügt, der pro Tierkreiszeichen genaue Jahreszahlen enthält. Zum Schluß möchten wir es mit Carl Friedrich von Weizsäcker halten: „Astrologie ist durch das gegenwärtige naturwissenschaftliche Weltbild nicht begründbar, andererseits läßt sich ihre Grundannahme aber auch nicht durch dieses Weltbild widerlegen." Viel Spaß bei der Lektüre!

Widder
Der Kampfhahn

(21. III. bis 20. IV.)

Diese Bilder gingen um die Welt:
Erregter Tumult in der Vollversammlung der Vereinten Nationen. Nikita Chruschtschow zieht seinen Schuh vom Fuß und hämmert mit dem Gehwerkzeug auf das Pult. In seinem Gesicht spiegeln sich sowohl Schalk wie Trotz.

Wieviel Astrologen mögen damals vergnüglich in die Hände geklatscht haben! Eine so unverblümte Vorstellung eines Widders sieht man selten, zumal auf internationalem Parkett. Was andern Unbehagen bereitet, was den Fischen sogar angstvolle Beklemmung bereitet, die kontroverse Auseinandersetzung nämlich, der Streit, der Kampf, Tumult, der „show-down", ist dem Widder so recht wie dem Bauernburschen die Schlägerei nach der Kirmes.

Aber bevor wir Erkenntnisse aus der Astrologie gewinnen wollen, lassen Sie mich das System dieses alten Erfahrungswissens ein bißchen erklären; ich gehe davon aus, daß sich nur wenige der Leser dieses Magazins damit schon eingehender beschäftigt haben.
Die Typisierung der Menschen allein nach den zwölf Tierkreiszeichen ist, astrologisch gesehen, vergleichbar mit der Arbeit eines Bildhauers, der ein Portrait mit der Grobaxt zuschlägt. Konkreter: der Widder bezeichnet lediglich, daß der Träger dieser astrologischen Grundkennung geboren wurde, als die Sonne in diesem Tierkreiszeichen stand, und natürlich sind viele Menschen dieser astrologischen „Gattung" Gemeinsamkeiten zueigen. Astrologische Feinarbeit bezieht aber das zur Geburt im Osten aufsteigende

Tierkreiszeichen (den Aszendenten) und die Stellung und damit Einflüsse der Planeten zur Zeit der Geburt mit ein, und nun erst entsteht das vielfältige, reiche, oft auch widersprüchliche Bild von Individualität und Schicksal.

Der Streithanselaspekt

Die Untugenden eines Menschen erscheinen augenscheinlicher als seine Tugenden. Wir rechnen unsere Geschichte nach geschlagenen, nach gewonnenen oder verlorenen Schlachten. Kriege markieren den Beginn oder das Ende von Zeitläufen, in denen besonders denkwürdige Katastrophen als Markierungshilfen dienen. Natürlich gibt es dafür Gründe. Eine Sturmflut gräbt sich tiefer in die memory-Zellen unseres Bewußtseins als ein schöner milder Sommer. Ein Widder in der Chefetage kann eine Kombination von Sturmflut, Hagelschlag und Erdbeben bewirken, illuminiert von einer hübschen Feuersbrunst.

Mit dem Widder Herbert von Karajan die Qualität seiner letzten Interpretation diskutieren? Besser trete man gefaßt auf eine Mine, denke ich.

Das Zeichen Widder wird vom Mars beherrscht. Ares hieß der griechische Gott des Krieges und des Berserkertums im Kampf, Aries heißt der Widder lateinisch, in Rom wurde er dem Mars gleichgestellt, eine folgerichtige Kombination göttlicher Ledernacken.

Die Begleiter des Ares bildeten übrigens auch eine hübsche Mischpoke: Schwester Eris, die Göttin des Streits, sorgte wahrscheinlich für gegebene Anlässe, wenn das Leben in trister Friedfertigkeit zu versinken drohte. Mit dem Erisapfel, unserem Zankapfel, auf den sie „Der Schönsten" geschrieben hatte, entfachte sie den bekannten Zoff unter den Göttinnen Hera, Athena und Aphrodite, den Paris schlichten mußte.

Die weiteren Begleiter waren die Söhne Deimos und Phobos, Verkörperung von Furcht und Schrecken. Chef Ares selber, der dann zu uns unter dem römischen Namen Mars gelangte, ist also Herrscher im Zeichen Widder. Mahlzeit! Steht er bei der Geburt auch noch in diesem Zeichen und negativ zum Aszendenten, dann haben wir das, was Astrologen den „Streithanselaspekt" nennen.

Ein astrologie-motivierter Poet, Enzio Enrici, beschreibt das so:

> **Mars in Widder**
> Auch
> der beste Rat
> kommt zu spät
> alles ist
> spontane Tat.

Marktanalyse, Produktionsplanung, Marketing, Produktionskontrolle, feed-back, Kostenanalyse ... Alles für die Katz. Aber nie vergessen: Einen so reinblütigen, unverfälscht

marsischen Widder gibt es selten – und schon gar nicht in führender Position.
Er hat sich schon lange vorher selber durch Streit und Querelen ins Abseits manövriert.
Außerhalb des durch Gewinn und Verlust unbestechlich diagnostizierten Wirtschaftslebens können sich Widder dieses Typs eher halten.

Erich von Däniken verficht mit der eben beschriebenen Vehemenz seine Thesen vor der teils belustigt, teils bissig zurückschnappenden Fachwelt.
Und Vincent van Goghs Leben ist deutlich widdrisch verlaufen: Kampf bis zur Selbstzerstörung.
Seine Selbstverstümmelung des Kopfes ist bezeichnend – davon später.
(Für fachlich interessierte: Widder mit Sonne und Merkur im Zenit).

Senkrechtstarter

Also Widder sind lebhaft und impulsiv. Im Beruf versuchen sie sich durchzusetzen, auch mit wenig feinen Mitteln. Ihren Platz im Rudel können sie sich nur an der Spitze vorstellen, gleichgültig, ob das dem Rudel bekommt. Wenn heute über die Schwierigkeiten geklagt wird, „sich selbst zu verwirklichen", dann dürfen wir die Widder davon ausnehmen. Wissen sie einmal, was sie wollen, setzen sie sich auch durch.

Sie können einen eisernen Willen haben, der ihnen hilft, sich zu behaupten. Derselbe Wille verleitet sie auch, mit dem Gefühl einer gewissen Unzerstörbarkeit Aufgaben in Angriff zu nehmen, die ihre Kräfte eigentlich überfordern.

Da Widder sich selbst und anderen gegenüber nicht eingestehen wollen, daß selbst ihnen Grenzen gesetzt sind, nimmt mancher Kraftakt einen unguten Ausgang. Ihre Energie verpufft dann in einer großen Wolke und hinterläßt einen Widder, der für eine gewisse Zeit darauf zu warten scheint, daß sich seine Batterie wieder füllt, um zum nächsten Coup ausholen zu können.
Während solcher Phasen machen sich seine Schwachpunkte unangenehm bemerkbar: Kopf und Nerven.
Über den Widder Otto von Bismarck sind diese Phasen, in denen er dann unter Migräne litt, beschrieben worden.
Wird die ungestüme Energie des Widders nicht durch ausgleichende und besonnen machende Planeten kontrolliert, verläuft seine berufliche Reise wie die eines Seglers, der mit ständig wechselnden Kursen unter Vollzeug erst auf diese, dann auf jene Sandbank knallt, bis sein Schiff leck geschlagen und die Reise endgültig zu Ende ist.
So kann man keine Karriere machen.

Zermürbt von seinem Widerspruchsgeist und Durchsetzungswillen wird ihn jede Arbeitsgruppe bald isolieren und ausstoßen. Hat er aber die richtige Idee, verhelfen ihm sein wacher Intellekt, sein Instinkt und schließlich sein mitreißender Schwung zum Erfolg – und der wird sich fast immer als Senkrechtstart vollziehen. Da es ihm nicht liegt, auf Lorbeeren auszuruhen, wird er die Suppe am Kochen halten und zu einer ständigen Triebfeder dafür, daß es „rund geht und der Laden läuft".

Daß er dabei in Gefahr gerät, galoppierend in den Sielen zu sterben, wird er verleugnen.

„Das hälst du im Kopf nicht aus!" – Dieser moderne Schnack könnte von einem Widder erfunden worden sein.

Merkur, hilf!

Was dem lupenreinen Widder am meisten fehlt, ist die kritisch-distanzierte Vernunft.

Es ist die Fähigkeit, Ziel, Zweck und Sinn seines energiegeladenen Blitzkriegs zu analysieren und Zweiflern geduldig zuzuhören.

Nun ist es astrologisch so, daß die Veranlagungen durch Tierkreiszeichen und durch Planeten anderer Qualität genau so begünstigt und gehemmt, vorangetrieben oder gemäßigt werden wie wir selbst durch andere Menschen nachhaltig beeindruckt und schließlich beeinflußt werden können.

Beim Widder ist es vornehmlich Merkur, der Beherrscher der Sternzeichen Zwillinge und Jungfrau, der einen mäßigenden und klärenden Einfluß ausübt.

Dabei kommt über die Zwillinge als aufsteigendes Zeichen die nötige Flexibilität (und übrigens merkantiles Denken, das ja auch schon manchen cholerischen Schub im Zaum halten kann) und von der Jungfrau die Fähigkeit zur kritischen Analyse.

Durch solche Rückkoppelungen kann der Widder dann seine ihm von Haus aus eigenen robusten Eigenschaften einsetzen, ohne „mit dem Kopf durch die Wand zu gehen". Dann wird er zur Zuflucht aller verschüchterten Kollegen, wenn es gilt, eine brenzliche Situation zu meistern. Und seine gefürchteten Frontalattacken werden dann aus wohlüberlegter Ausgangsposition geführt.
In welchen Berufen dürften sich Widder zu Hause fühlen?

Feuer und Schwert

Das feurige Zeichen Widder, beherrscht durch Mars, dem Kriegsgott, der „mit Feuer und Schwert regiert"... Feuer und Stahl, also. Ein Tierkreiszeichen der Montanindustrie, gewissermaßen.

Die Astrologie findet bei widdergeprägten Menschen eine Vorliebe für Berufe, die mit Feuer und Stahl zu tun haben. Berufssoldaten, zunächst einmal. Dann Berufe der Eisen- und Stahlproduktion – kein reines Vergnügen im Moment weltweiter Baisse. Apropos Feuer: Daß Wilhelm von Bunsen uns als Widder seine ewige Flamme zurückließ, ist für mich als Astrologin eine hübsche Geste.

Ausdrücklich verweist die Astrologie auf die Chirurgie als bevorzugtes Arbeitsgebiet von Medizinern, die im Zeichen Widder geboren wurden oder durch Widder geprägt sind.

Ähnlich wie bei van Gogh ist es hier der Chirurg Harvey Cushing, der widdertypisches ausgelebt hat. Cushing war ein brillanter amerikanischer Chirurg und Anatom, Professor an der Harvard University. Neben Arbeiten über die innere Sekretion waren es seine Leistungen auf dem Gebiet der Hirnchirurgie, die ihm seinen Platz unter den ganz Großen in der Geschichte der Medizin sicherte.

Er machte also als Widder ganze Sache und wählte den Kopf, die kosmobiologische Entsprechung des Zeichens, als Objekt für seine Arbeit mit dem Skalpell.

Ratschlag an die Manager der übernächsten Generation, den Sessel eines Chefs der Chirurgischen Abteilung anzupeilen!

Vorsicht, vor den haben die Götter einen hohen numerus clausus gesetzt – und eine Disziplin, die einem Widder erst einmal geschenkt werden muß: Geduld! Und Behutsamkeit. Und Selbstkontrolle.

Die Dynamitesse

Noch einmal: Wenn ein Widder Erfolg haben will, dann im Sturmangriff. Und wenn Frauen heute im Beruf mehr erreichen wollen, wenn sie Schreibtische anpeilen, die bislang den rippenspendenden Herren vorbehalten waren, dann mit Hilfe des Widders. (Das Feuerzeichen Schütze und der marsgeprägte Skorpion sollen hier aber nicht vergessen werden!)

Noch müssen Frauen ja häufig drei Qualifikationen beibringen: Erstens den Beweis, daß eine Frau überhaupt führen kann. Dann den Beweis, das gerade sie zu diesen Frauen gehört – und drittens ihre berufliche Qualifikation. Zweikämpfe sind da nicht zu umgehen. Konflikte sind vorgegeben. Kollege Eva muß, ob sie will oder nicht, die Waffen putzen. Widderiges macht sie aber fähig, Auseinandersetzungen nicht als etwas Widriges zu empfinden. Gott mit ihr!
Zudem hat sie einige Asse im Ärmel. Wenn sie sehr widderisch geprägt ist, wird es ihr nicht viel anders ergehen wie ihren männlichen Tierkreiskollegen. Auch sie wird Tätigkeiten mit viel Abwechslung, mit Reisen vornehmlich, einer ortgebundenen Schreibtischtätigkeit vorziehen.
Durch die Welt zu kommen, fasziniert Widder sehr. Wer nun die Langweiligkeit von Hotelbars in aller Welt kennt – und wer kennt sie besser als die business-Widder und die von ihm geprägten Typen – der wird sich vorstellen können, daß in diesen bedauernswert verlorenen Haufen von angeödeten Abgesandten großer GmbH's, Limiteds und Sociétés, eine Frau exzellente Chancen hat, Geschäftsverbindungen zu knüpfen.

Allein die Tatsache, daß sie eine Frau ist, verhilft ihr zu einem beachtlichen Vorsprung. Sie wird ein nicht zu übersehender Fixpunkt sein in dieser uniformmännlichen Barbesatzung, die im allgemeinen mit einem Meer von Whisky kämpft, das dringend einer internationalen Seerechtsordnung bedarf.

Geben ihr Einflüsse des Zwillings die dem Widder mangelnde Flexibilität, oder eine Venus in Stier den unübersehbaren Sex-Appeal, dann wäre eine Barrevolution nicht auszuschließen.

Die Venus kann aber auch an sehr sensibler Stelle sitzen: zum Beispiel in Fische.
Das Ergebnis ist dann zwar besonders liebenswert, hat aber eine Art astrologischer Sollbruchstelle. Bei Überbelastung bricht sie dann, wie Sollbruchstellen es ja auch tun sollen. Überschreitet die Konfliktsituation also einen gewissen Punkt, wird sich unsere kampffreudige Chefin Eva zurückziehen und – weinen.
Wer in seinem Leben dauernd mit dem Kopf durch die Wand will, darf sich nicht wundern, wenn hin und wieder die Mauer stärker ist als der Schädel.
Der kosmobiologische Schwachpunkt des Widders ist der Kopf.

Stier
Der Hamster

(21. IV. bis 20. V.)

Wenn Herr Direktor einlädt und seine überraschten Gäste dann in der Küchenschürze empfängt, die Topflappen in der einen Hand und mit der andern eilig andeutend: „Die Garderobe... die Bar ist dort, helfen Sie sich selbst bitte, ich muß zu meinem coq au vin..." und wieder in der Küche verschwindet, dann dürfen Sie fast sicher sein, Herr Direktor ist ein Stier. Ist er einer reinsten Geblüts, werden ihn eine Rundung, die der Franzose embonpoint nennt, und lustige Hamsterbäckchen zieren. Embonpoint finden Sie im Wörterbuch zwischen „embolie" und „emboucher", wie sinnig, letzteres heißt: an den Mund setzen, sich oral einverleiben. So ist auch linguistisch alles schön geordnet: Wir sprechen vom Stier.

Die Angst des Sammlers ...

Die Angst des Sammlers vor Verlust, dies ist fast ein Lebensthema des Stiers. Nichts ist ihm verhaßter als ein unüberschaubares Risiko. Das führt im Geschäftsleben natürlich zu überaus schätzenswerten Verhaltensweisen. Bleiben wir zunächst bei solchen.

Der Manager im Tierkreiszeichen Stier wägt gründlich ab, bevor er eine Entscheidung trifft. Er denkt in langen Zeiträumen und möglichst, wie ein Schachspieler, einige Züge voraus, um alle Eventualitäten der zukünftigen Entwicklung in sein Kalkül mit einbeziehen zu können. Streben nach Sicherung und Stabilität stehen im Vorder-

grund seiner Konzepte, die er dann aber auch mit Beharrlichkeit und großer Ruhe verfolgt. Im Gegensatz zu dem „Erkämpfen" des Widders neigt er zum „Behalten und Festhalten". Sammeln, Anhäufen und Festhalten, diese Lebensstrategie des Hamsters ist ja nicht die schlechteste.
Während Herr Direktor in der Küche abschmeckt, können Sie sich in Ruhe in der Wohnung umsehen. Er sammelt gute Graphik, der Herr Direktor, oder Malerei, alte Möbel vielleicht, und er hat Geschmack.
Wahrscheinlich einen eher konservativen Geschmack, der ihn nach Bewährtem greifen läßt. Einen Fettstuhl von Josef Beuys werden Sie vermutlich vergebens suchen. Der Stier möchte bewahren, verwahren, verwalten, aber auch „sich einverleiben", genußvoll und in Ruhe. Alles Neue stört ihn eher, dem setzt er trotzige Selbstbehauptung entgegen – man störe seine Kreise nicht. Und so entwickelt sich sein „embonpoint", sein „Stiernacken", und seine Angst. Denn wer vornehmlich sammeln und festhalten will, muß zwangsläufig den Verlust fürchten.
Kaum ein Unternehmer hat in den letzten Jahren immer wieder so lautstark vor dem drohenden Verlust der Konkurrenzfähigkeit gewarnt wie der (Stier-geborene) Max Grundig.

Der Stier Fritz Kortner hat uns wissen lassen, wie das ist, wenn jede Gefährdung, Störung, jedes unbekannte Neue mit Angst beantwortet wird. In seinem Buch „Aller Tage Abend" beschreibt er das Erwachen: ... Die dumpfe Beklommenheit der Todesnähe jedes Schlafs weicht der nahenden Lebensgefährlichkeit des Tages. Eine nicht definierbare Angst... beschleicht mich. Die Ängste sind da und ihre Gründe noch nicht... So wache ich seit vielen, vielen Jahren auf... mit der Angst um meine Karriere, als ich sie gemacht hatte (!) und der Angst vor jeder neuen Rolle und Aufgabe... mit der Angst vor dem kommenden Hitler... mit der Angst, nie wieder zu meiner Sprache zurückkehren zu können; die Angst im Exil um Frau, Mutter, Kinder und Verwandte... die Angst vor dem Berufskampf... vor dem Dickwerden, dem Altern, vor dem Verlust des Gehörs und der Zähne...

„Blutsturzartige Empörung"

Und er schreibt über „die Angst vor mir und vor meiner blutsturzartigen Empörung ...". Auch das gehört zum Stier; er neigt zu rezeptiver Gelassenheit und läßt eine gute Portion Hektik an sich abprallen. Wird die Toleranzgrenze überschritten, reagiert er häufig berserkerhaft.
Seine Zornesausbrüche sind gefürchtet. Auch die „blutsturzartigen Empörungen" Kortners waren es.
Der Stier ist kein behender Degenfechter. Seine Sicherung ist das uneinnehmbare Fort. Muß er dann vor den Wassergraben, greift er zum größten Morgenstern und „haut um sich". Diese Ausbrüche sind Entladungen nach übergroßem Stau; in seiner Gelassenheit hat er zu lange gewartet, um sich noch kontrolliert äußern zu können. Hinterher schämt er sich, es tut ihm leid, und er streichelt die Trümmer.

„Emboucher": sich einverleiben. Er liebt gutes Essen und Trinken und genießt es ohne Hast, in ruhiger Weise, um alles auszukosten, was angeboten wird. Wahrscheinlich schmunzelt er so zufrieden sogar in der Ekstase der Liebe.
Und so beschreibt Kortner die Beendigung seiner morgendlichen Ängste durch die Aussicht auf das Frühstück.
„Ich frühstücke also mit Behagen an einem Tisch im Café Sacher, von dem aus ich die Rückseite der wiedererbauten Oper betrachten kann."

... Die kosmobiologische Entsprechung des Zeichens Stier ist der orale Bereich.

Von Venus besessen

Der Stier ist von der Venus besessen. Das zielt nicht nur auf sein Liebesleben – obgleich auch das stimmt. Der Planet Venus ist vielmehr Herrscher im Tierkreiszeichen Stier und prägt den Menschen, der in diesem Zeichen geboren ist. Die Einflüsse anderer Planeten, die das Bild eines Stiers natürlich mitbestimmen, lassen wir hier einmal außer acht.
Von der Venus also bezieht der Stier sein tiefes Gefühl, seine starke persönliche Anziehungskraft, Beständigkeit, Treue (wobei er Treulosigkeit vielleicht auf eigene Weise interpretiert), seine konservative Grundhaltung, Gefallen an Luxus und schönen Dingen, an der Kunst und am Genuß.

Der feminine Einfluß der Venus läßt ihn „Aufnehmen und umfassen, festhalten und bewahren". Ein Stier als Feldwebel ist wahrlich die „Mutter der Kompanie", ein Stier-Chef der Vater des Unternehmens, der Patriarch. – Dieser venusische Einfluß läßt ihn wie ein Koala-Bärchen an seiner Familie hängen und das kann so weit gehen, daß dieser Familie der Klammeraffe Stier ganz gehörig auf den Wecker geht.
Wir riskieren einen seiner gefürchteten „blutsturzartigen Empörungen" und treten ihm mal etwas zu nahe:
Dieser pyknische Genießer kann Menschen (und Unternehmen) für sich vereinnahmen wie Objekte der Kunst oder Preziosen.
Er wacht eifersüchtig auf das Wohlverhalten aller, mischt sich überall ein, rügt, lobt, genießt und wütet in der Familie, die er als so etwas wie Besitz empfindet. „Ist Mischpoke etwas zum Essen?" fragt der Gojim einen Junden. „Ach wissen Sie, eher etwas zum Kotzen!" antwortet der und war vielleicht stiergeschädigt. Das Bewahrenwollen, die Angst vor Verlust des Bestehenden, kann hypochondrische Züge annehmen.

In Westeuropa sind die Schweiz und die Niederlande dem Zeichen Stier zugeordnet. Nun, welche Länder haben es besser begriffen, daß man nicht reich vom Ausgeben wird, sondern vom Behalten, und wo ließe sich auch heute noch besser horten als in der Schweiz.

Karo anstatt Nadelstreifen

Beließen wir es bei dieser Beschreibung des Stiers allein nach dem Sonnenstand, dann säße er, gekleidet im zeitlosen Nadelstreifen, hinter altdeutschem Schreibtisch und ließe den Geschäften ihren Lauf, etwas phlegmatisch, lediglich kontrollierend, stockkonservativ. Modernisierungen wären unter ihm kaum durchzusetzen. Dieses Verharren im Bestehenden ist ja ein lobenswerter Zug bei Produktion und Vertrieb von Mozartkugeln, die auch nach dem Jahr 2000 noch so aussehen und schmecken mögen wie heutzutage – die meisten Unternehmen haben sich aber mit ständig wechselnden Gegebenheiten auseinanderzusetzen und darauf zu reagieren.
Eine Firma, die durch einen so reinrassigen Epikureer wie den Sonnen-Stier geführt würde, liefe trotz aller Bewahrungstendenzen ihres Chefs in den Konkurs.

Wir kommen zum Einfluß der Planeten, die ja bei jedem Tierkreiszeichen ihre individuelle Rolle spielen und fördern oder dämpfen, nüchtern machen oder zum Träumen anregen.
Die Planeten Mars und Uranus in günstiger Konstellation sind die beiden wichtigsten für den Stier. Vielleicht erinnern Sie sich: Mars bringt die Mobilität und holt unser Dickerchen aus der gemütlichen Ecke.

Und Uranus als Planet der Zukunft, des Neuen, läßt ihn seine stockkonservative Grundhaltung überwinden und sich modernen Entwicklungen gegenüber toleranter und interessierter zeigen. Mars ist ja der Gegenpol zur Venus, und bringt als männliches Prinzip neben Beweglichkeit auch den Kampfgeist mit, und der hilft dem Stier bei seiner Auseinandersetzung mit dem Risikokomplex, seiner schwachen Stelle.

Den Queens hilft der Widder

Besonders durch Venus verzärtelt und verweichlicht sind Frauen, die im Zeichen des Stier geboren werden. Sie sind die femina hoch zwei, zum einen durch ihr Geschlecht, zum andern durch den Einfluß des weiblichen Planeten.
„Seinen Mann zu stehen", fiele ihnen besonders schwer. Nun, sicher gibt es Frauen, die samt und sonders alles in sich vereinen, was das Stier-Weib ausmacht, es müssen Übermütter sein.
Berufliche Karriere haben sie sicher nicht gemacht.

Der Stiergeborenen verhelfen maskuline Einflüsse aus Widder und/oder Skorpion auf den Chefsessel. In beiden Tierkreiszeichen ist der Mars der Boss und gibt Frauen, die im Zeichen Stier geboren wurden, das nötige Quantum maskuliner Durchschlagskraft.
Bei Golda Meir war es ein ordentlicher Schluck aus der Mars-Pulle: Mars im Widder. Evita Peron: Merkur im Widder. Königin Elisabeth: Merkur im Widder und Saturn

im Skorpion. Königin Juliane: Saturn im Widder. Hildegard Hamm-Brücher: Venus im Widder.

In den letzten sieben Jahren stand Uranus, der Planet der Veränderung und auch Umstürze, in Opposition zum Stier. So werden diese Jahre für manchen Stier turbulent bis schwierig gewesen sein.

Die Einflüsse der Planeten sind vielfältig und individuell sehr verschieden, wie Sie wissen. Der Sonnenstand allein, das ist klar, ließe den genußhaft-gemütlichen „reinen Stier" kaum zum erfolgreichen Manager werden. Nehmen wir als Beispiel des Zusammenwirkens einen der herausragendsten Manager der Nachkriegszeit: Max Grundig. Er hat Saturn im Widder: Härte im Kampf. Uranus im Steinbock: Konzentrierte Energie. Sonne im Trigon zum Uranus: Fortschrittlicher Geist. Und eine Jupiter-Saturn-Konstellation, die zu „kontinuierlichem Schaffen" führt.

Der eben beschriebene Oppositionsstand von Uranus zum Stier während der letzten Jahre hat auch ihn nicht verschont.

Zwilling
„Der ewig Suchende"

(21. V. bis 21. VI.)

Als eine Delegation von deutschen Topmanagern die Sowjetunion besuchte und ausgedehnte Gespräche führte, bei denen kreuz und quer alle Eventualitäten und Bedingungen für den Ausbau des Handels in beide Richtungen abgeklopft wurden, soll Chruschtschow der Ausspruch entschlüpft sein: „Verdammt, denken die fix!" Besieht man sich die Ausweitung des Handels mit der Sowjetunion seit jenen Tagen, handelt es sich hier um keine Ente. Dann hat das merkantile Aufgebot ganz im Sinne ihres Schutzgottes Merkur gehandelt.
Mercurius kommt von mercari, und das heißt „Handel treiben".

Chef ist der Messegott

Der Merkur (später wurde er dem Hermes gleichgesetzt) ist der Gott der Kaufleute und Schriftgelehrten und auch der geflügelte Götterbote, der zwischen dem Himmel und der Erde, besser: den Göttern und den Menschen hin- und herfliegt; um Mißverständnissen vorzubeugen, vielleicht. Wir wissen heute, daß hier „außer Spesen nichts gewesen" ist.
Trotzdem haben wir uns dem Zwilling schon mehr genähert als es den Anschein haben könnte. Der Herrscher im Hause Zwilling, also Merkur, hat jenen, die in diesem Tierkreiszeichen geboren wurden, auf jeden Fall eine ganze Reihe seiner Eigenschaften und Vorlieben mit auf den Weg gegeben – es sei denn, ein oder mehrere andere Planeten

pfuschen ihm aus besserer Position ins Handwerk. Wie wir wissen, muß auch das noch nicht einmal schlecht sein.

Der Merkur reist gern, falls er seinen Beruf als Götterbote richtig gewählt hatte. Der Zwilling tut es ihm nach. Auf Achse zu sein, ist ihm ein Vergnügen. Stillstand oder Schwerfälligkeit bedeuten ihm ein Greuel. Diese Lust an der Beweglichkeit beherrscht ihn aber auch da, wo es nicht nur um Ortswechsel geht. Kaufen Sie ein Auto von einem Zwilling, so wird es kaum ein altes Vehikel sein – vorausgesetzt, der Vorbesitzer war nicht durch eine klamme finanzielle Situation dazu gezwungen, ein altes Käferchen zu fahren. Das Neue ist interessant, fasziniert für eine Weile und verliert dann schnell an Reiz. Das kann mit Wohnungen, Wohnorten und allem anderen genauso gehen. Stetigkeit oder gar Liebe zum erworbenen Besitz ist seltener anzutreffen als häufiges Wechseln des gerade Erworbenen und Ausprobieren von etwas Neuem. Nicht umsonst sehen wir den Merkurkopf häufig in den Signets und auf den Plakaten von Messegesellschaften. Reisen, Rummel, das Neueste aus erster Hand anbieten oder erwerben, das liegt dem Zwilling. Er bedanke sich bei Mercurius. Derselbe war nun auch der Gott der Schriftgelehrten.

Ein Tausendsassa

Jemand hat einmal geschrieben, daß keinem anderen Tierkreiszeichen ein so schneller Verstand mitgegeben worden sei. Noch während ein Steinbock stocksteif und grüblerisch den vollen Sinn einer Frage abklopft, hat der Zwilling schon die Antwort parat. Eigentlich sollte sich der echte, unverfälschte Zwilling jenes kleine Posterchen hinter den Schreibtisch hängen, auf dem empfohlen wird, „erst das Gehirn einzuschalten, bevor Mundwerk in Gang gesetzt wird". Er ist eine Spur **zu** schnell.
Peter Frankenfeld gab ein Beispiel für diese Gabe des Zwillings – in seinem Beruf als Entertainer konnte er, ungebremst durch die strengen Normen des Geschäftsbetriebs, seinem Mundwerk freien Lauf lassen.
Das soll nicht seine Begabung schmälern, ein enorm waches Köpfchen zu haben.
Im Geschäftsleben wäre es ideal, einen solchen Schnelldenker in einem Team zu verankern, das seine Vorzüge nutzt und ihn dabei an der Kandarre hält, denn das ist häufig nötig. Der wache Verstand des Zwillings nimmt pausenlos Eindrücke auf, die er sofort zu Einfällen umsetzt. Dabei ist er auch sehr originell und denkt sehr beweglich „um Ecken herum", die noch niemand gerundet hat. Aber die Gefahr besteht, daß er wieselflink über alle Oberflächen huscht und ein immenses Radarbild voller interessanter „blips" von sich gibt, ohne je in die tiefere Problematik der angeschnittenen Fragen einzudringen. Und hat er einmal das hervorgesprudelt, was ihm gerade und blitzartig eingefallen war,

jucken ihn bereits seine Merkurflügelchen und er möchte weiterflattern.

Seine Sprachbegabung ist ausgeprägt, er lernt mühelos fremde Idiome und beherrscht seine Muttersprache mit großer rhetorischer Gewandtheit. Bei den Fremdsprachen läßt ihn Shakespeare-Englisch zum Beispiel eher gähnen. Die letzten Ausdrücke, die gerade „in" sind in der Londoner City dagegen möchte er kennen – und damit brillieren. Wie gesagt, die Einbindung in ein Team wäre für ihn und das Team selbst von großem Vorteil: die Gruppe empfängt von ihm sehr interessante Anregungen, er selber wird in die Pflicht genommen, konsequent bei einem Thema zu bleiben und nicht schon ins nächste, was ihn reizt, zu wechseln. Und Teamarbeit hat noch einen zweiten, großen Vorteil.

Die Wahl der Qual

Die Gruppe könnte ihm durch die ihr eigenen Integrationskraft helfen, das zu vollbringen, was ihm nicht gelingen will: sich für etwas endgültig und ernsthaft zu entscheiden.

Merkur flog vom Himmel zur Erde und von der Erde zum Himmel; verständlich, daß er zum guten Schluß sich weder für das eine, noch das andere entscheiden konnte. Dem Zwilling geht es wie den Kollegen in den Auslandsvertretungen, die nach einigen Jahren und häufigem Wechsel von Sprachen und Kulturen häufig auch nicht mehr wissen, wohin sie nun eigentlich gehören. Schlimmer noch: gehören wollen! Meistens wird dieser Konflikt durch so geschäftsfremde Probleme wie die Ausbildung der Kinder gelöst. Der Zwilling kann sich nicht entscheiden – wohlgemerkt, der „echte, unverfälschte Zwilling".

> Zwei Seelen wohnen, ach! in meiner Brust,
> Die eine will sich von der andern trennen;
> Die eine hält, in derber Liebeslust,
> Sich an die Welt mit klammernden Organen;
> Die andre hebt gewaltsam sich vom Dust
> Zu den Gefilden hoher Ahnen.

Sie meinen, Faust ringt kräftig zwischen Fleischeslust und Geistesschub? Von wegen, schon fünf Zeilen weiter juckt es ihn unter den Flügeln:

> Ja, wäre nur ein Zaubermantel mein,
> Und trüg' er mich in fremde Länder,
> Mir sollt' er um die köstlichsten Gewänder,
> Nicht feil um einen Königsmantel sein.

Wenn Konstantin Wecker nichts dagegen hat, zitiere ich ihn jetzt nach Altvater Goethe. Wecker, selber Zwilling, hat in einem Lied, wahrscheinlich unbewußt, die Problematik seines Sternzeichens besungen:

Liebes Leben, fang mich ein,
halt mich an die Erde.
Kann doch, was ich bin, nur sein,
wenn ich es auch werde.
Gib mir Tränen, gib mir Mut,
und von allem mehr.
Mach mich böse, mach mich gut,
nur nie ungefähr.
Bloß eben: was?

Tanz auf allen Hochzeiten ...

Im beruflichen Werdegang sind Zwillinge in Gefahr, das zu versuchen, was der Volksmund schon als unmöglich erkannt hat: man kann eben nicht auf allen Hochzeiten tanzen. Häufige Berufswechsel sind das Ergebnis von sich sprunghaft einstellenden Faszinationen mit wechselndem Ziel. Der Zwilling unterliegt dem Zwang, sich etwas schnell einverleiben zu wollen, um es genauso schnell auch wieder auszuspucken. Daher die schnelle Rezeption in der Diskussion und seine genauso schnelle verbale Retourkutsche. Einerseits-andrerseits ...
Der Gott der Kaufleute, Merkur, war übrigens auch der Gott der Diebe.
Einerseits-andrerseits ...

Mit seinem wachen Intellekt klopft er alles auf das Einerseits-Andrerseits ab und das bringt ihn in Gefahr, zum guten Schluß an nichts mehr zu glauben, nicht mehr voll und ganz zu vertreten, sondern eher ironisch bis zynisch nur noch die verschiedensten Facetten zu sehen, nicht aber mehr das Ganze.
Dabei leidet der Zwilling sehr.
Er sehnt sich nach Ruhe und Geborgenheit, in der Partnerschaft wie im Beruf, aber schon während sich Ruhe einstellen will, keimt in ihm die Unruhe, ob er nun nicht draußen in der Ferne oder in einem andern Beruf oder Tätigkeitsfeld das Bessere verpasse.
Also auch hier das Hin- und Hergerissen sein, ein Merkur, der sich im Himmel nach der warmen Erde, dort aber nach dem Himmel sehnt.

Jedes Tierkreiszeichen beschreibt ja, wie ich meine, sehr differenziert einen ganz bestimmten Typus, mit seinen herausragenden guten und schlechten Eigenschaften, seinen Möglichkeiten und Gefährdungen. Wirklich finden wird man solche reinrassigen astrologischen Typen kaum einmal. Denn dieselben Planeten, die ihren Tierkreiszeichen den besonderen Charakter geben, wirken mehr oder weniger stark auch in andere Zeichen hinein, wo sie dann verschlimmern oder verbessern, antörnen oder abschwächen.

Saturn sagt, wo's lang geht

Saturn ist der Planet des Steinbocks, dieser Baumeister, unbestechlich, knochentrocken und mit einem geraden Rückgrat ausgerüstet.
Ein Planet, der als Gerüst für unsern quirligen Zwilling gerade recht ist. Wer als Zwilling einen guten Saturn im Horoskop hat, ist nun schon fast uneingeschränkt zu beneiden: nun kann er von seinen brillianten Einfällen, seiner Neugierde, seiner Entdeckerlust profitieren ohne in Gefahr zu laufen, sich zu verzetteln, „von Hölzchen auf Stöckchen" zu kommen.

Saturn hilft dem Zwilling bei der Entscheidung, den Weg zu finden, auf dem's lang gehen soll. Er verhilft zur Konzentration auf das Wesentliche und bringt die Stetigkeit zum Durchdringen der Oberfläche.
Dieser saturnische Einfluß wird in den nächsten Jahren für Zwillinge immens wichtig. Dann durchläuft nämlich Uranus das Zeichen Schütze, die Opposition zu Zwillinge. Uranus aber ist der Planet der Veränderung, des Umbruchs, also einiger Unruhe, die dem Zwilling gar nicht gut tut.

Anders Neptun, der Herrscher im Haus der verträumten Fische, der Planet des Wischiwaschis. Wenn zu der sprunghaften Lebhaftigkeit des Zwillings nun auch noch der verschwommene Neptun kommt, ist sinnvolle Arbeit kaum noch zu erwarten. Kräfte werden unnütz vergeudet, weil keinerlei kritische Analyse und jede Art von zielgerichteter

Konzentration sich im neptunischen Nebel verflüchtigen. Ein solcher Zwilling könnte sich als Philosoph versuchen wollen, nicht an Konfuzius, sondern an Konfusion anknüpfend. Möge Neptun euch verschonen, ihr Zwillinge!

Jedes Tierkreiszeichen beschreibt auch ganz ausgeprägte, besondere körperliche Gefährdungen. Das Aufnehmen-Abgeben des Zwillings hat auch hier seine Entsprechung. Als besonders gefährdet gelten seine Atmungsorgane. Einatmen-Ausatmen.
Vielleicht sollten Zwillinge, gerade sie, nicht rauchen. Aber wem sage ich das!

Der Krebs
Gespür für Menschliches

(22. VI. bis 22. VII.)

Sommersonnenwende – ihr Zeichen ist der Krebs. Auf den ersten Blick scheint dieses Schalentier den Krebsmenschen gar nicht treffend zu symbolisieren, denn hart und verkrustet ist der Krebsgeborene gewiß nicht. Daß aber hinter einer harten Schale ein äußerst weiches Innenleben stattfindet, das paßt treffend.

Der „Krebs" ist sensibel und mütterlich – oh ja, auch der Mann, so daß jemand schrieb, ein Krebs solle tunlichst nur als Frau auf die Welt kommen, dann ließe es sich all das Gute dieses Zeichens viel unbefangener und natürlicher verwirklichen.

Krebsgeborene sind gefühlsbetont, aber zurückhaltend, vor allem, wenn dynamische Aktivität entwickelt werden soll. In seiner Beschaulichkeit fasziniert ihn vor allem, den Gang des Lebens zu reflektieren – seines eigenen, das Leben seiner Familie, seiner Stadt, des Staates... Wenn es an der Zeit ist, daß die Geschichte der Firma geschrieben werden muß, mit liebevoller Genauigkeit zum Detail, den Krebs wird es besonders nach dieser Aufgabe greifen lassen. Er ist durchaus künstlerisch begabt und auch das käme dieser Aufgabe zugute; aber im Allgemeinen ist er eher reproduzierend denn eigenwilliger Avantgardist.

La Luna, die Mutter

In allen romanischen Sprachen ist der Mond weiblich, die Sonne männlichen Geschlechts. In der Astrologie verkörpert der Mond das weibliche Prinzip schlechthin,

die Mütterlichkeit. Aber auch alles, was mit Psyche und Seele zusammenhängt.
Die Sonne übrigens ist für das Zeichen Löwe bestimmend, sie steht für das männliche Prinzip.
Das Oppositionszeichen des mondbestimmten mütterlichen Krebs ist der Steinbock, dieses herbe Zeichen, das gradlinige Pflichtmenschen hervorbringt, der hart gegen sich selbst und andere ist.

Wie anders der Krebs: Er ist ein Kümmerer, der sich um alle menschlichen Probleme um ihn her sorgt. Im Team wird er als erster Fehlentwicklungen und Spannungen erkennen und sich feinfühlig darum bemühen, wieder Harmonie herzustellen. Für ihn sind die Fragen Seelenfrieden oder Unrast, Innigkeit oder Ablehnung, Liebe oder Haß das zentrale Thema. Dabei ist er darum bemüht, zu bewahren, zu halten oder wiederzuerlangen. Er operiert sehr umsichtig und vorsichtig. Dynamisches Vorpreschen mag er nicht. Zwei Schritte vor, einer zurück, das ist schon eher die Art, sich durchs Leben zu bewegen.

Zurück zur Natur

Wir mußten es alle lernen, aber Rousseau soll das berühmte Motto „Zurück zur Natur" nie so formuliert haben. Wie auch immer: Er war ein Krebs reinsten Wassers, empfindsam bis zur Hypochondrie, schwärmerisch das Heil an der Quelle suchend. Hat der Fortschritt den Men-

schen verbessert? Er verneint es ausdrücklich – ein unschuldig glückvolles Paradies des Urhaften sei durch den Menschen zerstört worden durch gerade jene Entwicklungen, auf die der Mensch so stolz sei.
„Alles, was aus den Händen des Schöpfers kommt ist gut; alles entartet unter den Händen des Menschen. Er zwingt einen Boden, die Erzeugnisse eines andern zu züchten, einen Baum, die Früchte eines andern zu tragen. Er vermischt und verwirrt Klima, Elemente und Jahreszeiten ..."
Ganz schön grün, nicht wahr?

Zurück zu den Ursprüngen, das heißt auch zurück zu der Urmutter.
„Cherchez la mère, et vous trouverez le cancer!" schreibt Barbault. Ja, bei den Müttern findet man ihn, den Krebs, den Dr. Semmelweiß zum Beispiel, der sich um die Mütter verdient gemacht hat.

Rousseaus Beziehungen zu Frauen war deutlich mondbetont: Frau von Warens in Annecy und auch Frau von Epinay waren mütterliche Freundinnen und Geliebte. In „Emile oder Über die Erziehung" gibt er als erster Anstöße zu einer aufgeklärten Kindererziehung, die dem Kind ein Aufwachsen unter behutsamer Mithilfe wünscht, unter der sich das Kind persönlich entfalten können soll.
„An dich wende ich mich, zärtliche und klarblickende Mutter, die du abseits von der großen Straße zu gehen und das heranwachsende Bäumchen vor dem Schock der menschlichen Irrtümer zu schützen wußtest."

Aber helas, Monsieur Rousseau war ein Krebs. Schönen Worten sollten Taten folgen, und da hapert es schon mal. Der Autor des „Emile" gab seine fünf Kinder ins Findelhaus. In einem Brief an Frau Francueil: „Ja, gnädige Frau, ich habe meine Kinder ins Findelhaus gegeben; ich habe mit ihrer Pflege die Einrichtung betraut, die dafür geschaffen ist..."
Das ist die häufige Grundstimmung des Krebses, ein Pessimismus, der alles in Frage stellt, was den Menschen und seine Möglichkeiten angeht, auch seine eigenen.

Nicht anders bei einem anderen Krebs, bei Anouilh. Auch seine Arbeit ist geprägt von Pessimismus und Melancholie gegenüber einem Unheil in der Welt, gegen das der Mensch machtlos ist. In „Der Reisende ohne Gepäck" kritisiert er eine Gesellschaft, in der der an sich gute Mensch keine Chance habe.
Ein schönes Beispiel dieser „Sehnsucht zurück" hat Louis Mac Neice ausgegraben:
Salvador Dali, in einer Fotomontage dargestellt, als Fötus, in ein Ei gekrümmt. Zurück zu den Quellen! Der Krebs ist das Zeichen der „offenliegenden Seele". Schon als Kind sind Krebse so dünnhäutig, daß seelische Verletzungen nicht ausbleiben. Später erwächst daraus der oben beschriebene Pessimismus als harte Schale und die Tendenz, sich zurückzuziehen.

Im Alter ist die Gefahr der absoluten Verhärtung gegeben. Dies nun trifft besonders bei Krebsgeburten unter Vollmond zu, denn dann steht der Mond im Zeichen Steinbock, dem verhärtenden Gegenpol.
Andererseits wird auch der Krebs, wie jedes andere Tierkreiszeichen, durch den Aszendenten in seinen Eigenschaften zur einen oder anderen Seite hin verändert.

Einige Namen von Krebsen noch, die in ihrem Engagement menschliche Probleme zum Thema ihrer Arbeit gemacht haben: Hermann Hesse, Kafka, Käthe Kollwitz, Erich Maria Remarque, Vittorio de Sica. Aber da gibt es auch den John D. Rockefeller, und dem kann nun niemand allzu großen Altruismus nachsagen.

Sammeln, festhalten, reich werden

Der letztgenannte Krebs war auch einer der reichsten.
Jede Medaille hat zwei Seiten. Bei allem sozialen und humanitären Engagement ist der Krebs häufig sehr ehrgeizig. Da seine innere Einstellung ihn zum Sammeln, Bewahren, Festhalten drängt, braucht es nur noch merkantile Intelligenz und Zeit – und das Imperium wächst; nicht durch einen Gewaltakt, sondern über viele kleine Einverleibungen.
Und dann festhalten! Rockefellers Geiz ist oft beschrieben worden.

Die menschenfreundlichen Stiftungen unter seinem Namen haben wir übrigens nicht dem Alten, sondern seinem Sohn zu verdanken, der die Stiftungsurkunden dem Vater auf den Tisch legte mit dem Hinweis, der Name Rockefeller habe es mittlerweile verdammt nötig, mal etwas aufpoliert zu werden.
Der Alte unterschrieb und kümmerte sich hinfort nicht mehr darum.

Ärger macht Ulcus

Nun, die Sucht, Sorge zu tragen, muß sich schließlich nicht unbedingt auf die Familie beschränken, sondern kann sich auch der Firma zuwenden. Ein Krebs ist zwar nicht der Vater, aber doch die Mutter des Unternehmens. Als Manager bringt er zunächst einmal sein Gespür für menschliche Probleme ein.

Helfen und Heilen wollen sind seine Themen und damit ist ein Krebs-Chef für das gute innerbetriebliche Klima eines Unternehmens schon fast eine Garantie.
Durch sein umsichtiges und überlegtes Vorgehen bleibt es der Firma erspart, sich mit hektischen Änderungen der Strategie herumschlagen zu müssen. Der Krebs steht für behutsame Kontinuität, sensibel wird er um gute zwischenmenschliche Beziehungen zu Mitarbeitern und Geschäftspartnern besorgt sein. Er wird Ärger lieber herunterschlucken – wenn er ihm nicht aus dem Wege gehen kann, was

er am liebsten täte. Dadurch sind seine größten gesundheitlichen Gefährdungen bereits programmiert: Ärger macht Ulcus.

Magengeschwüre und Verdauungsbeschwerden zahlen ihm heim, daß er partout nicht auf den Tisch hauen mag. Woher bekommt der Krebs die oft so nötige Fähigkeit zum entladenden Schlag auf den Tisch zur richtigen Zeit?

Mars zum Donnerwetter

Vielleicht entsinnen Sie sich: der Planet Mars gehört zum Element Feuer.

Am reinsten entfaltet er seine Kraft, wenn er in den Zeichen Widder, Löwe oder Schütze steht, aber auch im Zeichen Skorpion ist er zu Hause.

Ein Mars im Löwen verleiht starkes Selbstvertrauen und selbstsicheres Vorgehen, ein Mars in Schütze Offenheit.

Durch beide Konstellationen wird dem Krebs die Möglichkeit zu unbefangenem Reagieren gegeben.

Problematisch allerdings ist die Marsstellung im Zeichen Widder. Dann empfängt die Krebssonne einen disharmonischen Aspekt, das sogenannte Quadrat. Dies nun führt häufig zu eruptiven Entladungen der gestauten Aggression.

Ausgesprochen kritisch ist es, wenn sich der Mars im Zeichen Krebs, in der Nähe der Sonne befindet.

Krebse mit dieser Marsstellung neigen besonders dazu,

Ärger anzustauen, um ihn dann umgehemmt zu „erbrechen". Herbert Wehner hat uns oft das Beispiel eines solchen Verhaltens erleben lassen.

„Onkel Herbert", war krebstypische Mutter der Partei. In Debatten zeigte er abwartende Zurückhaltung, fast Teilnahmslosigkeit. Vielleicht hat die Pfeifenindustrie „ein bis fünf Wehner" bereits als Belastungsskala für den Test von Mundstücken eingeführt. Jedenfalls dürften während kontroverser Bundestagsdebatten „fünf Wehner" geknirscht haben.

Und dann die gebellte Entladung: ätzend, höhnisch, verletzend, weil er sich oft wohl selbst als verletzt empfand.

So dramatisch muß es ja nicht sein.

Wünschen wir unseren Krebsen die Fähigkeit zum klärenden Donnerwetter zur richtigen Zeit.

Löwe
I'm the Greatest

(23. VII. bis 23. VIII.)

Wenn auf einer Party jemand in den Raum tritt, am Eingang stehenbleibt und wartet, bis sich alle Augen auf ihn gerichtet haben, wenn er dann vorwärtsschreitet durch eine Gasse, die sich wie von selbst bildet, wenn er das alles selbstverständlich findet und sich huldvoll mal leicht nach links und rechts verneigt: „Müller, schönen, guten Abend" ... offensichtlich voraussetzend, daß jedermann weiß, um welchen der hunderttausend Müllers es sich bei ihm handelt, dann können wir sicher sein: Herr Müller ist ein Löwe reinsten Wassers. Am liebsten hörte er als Entgegnung: „Guten Abend, SSSir!" aber diese Wohltat wird ihm nur in angelsächsischen Ländern zuteil. Dieser Mann ist kein Mann, dieser Mann ist ein Herr.

Ein Löwe ist selbstsicher, er besitzt Organisationstalent, Führereigenschaften, er ist zielstrebig, auch nach Macht, er ist entschlußfreudig und geprägt von einem festen Lebenswillen. Und er hat immer recht.
Tief in seinem Innern wohnt der Glaube, daß, so wie er denkt, gedacht werden sollte, so wie er handelt, gehandelt werden sollte, daß, was er mag, gemocht werden sollte.
Gibt Ihnen ein Löwe einmal unumwunden recht, dann ist das ein Schachzug oder lediglich ein Lippenbekenntnis.

Das Zeichen Löwe ist das Domizil der Sonne. Die Sonne symbolisiert Lebenskraft, Macht, Autorität und das männliche Prinzip.
Der Löwe wird geboren im Hochsommer, wenn die Natur strahlt, und ebenso strahlt er, oder möchte zumindest glänzen.

Wehe man läßt ihn nicht!
In einem Buch des Altmeisters Fritz Riemann finden wir einen Vers von Julius Kerner:

> Ich gleiche, glaubt es oder glaubt es nicht, Gott Schillern ach so ähnlich im Gesicht, daß ich oft lange vor der Spiegelscheibe den großen Mann bewundernd stehen bleibe.

Das königliche Zeichen

Die alten Astrologen nannten das Zeichen Löwe das „königliche Zeichen", weil wohl auffallend viele Herrscher und Hoheitsträger in ihm geboren waren.
Wenn es um Macht- und Prachtentfaltung geht, um Selbstbewußtsein und Selbstbehauptung, dann ist der Löwe allerdings der King aller Tierkreiszeichen.
Kaiser Franz Joseph I. von Österreich wurde in diesem Zeichen geboren, Napoleon I., Haile Selassie, dem allerdings die physische Statur des Löwen abging; nun, er wußte es zu kompensieren wie der kleine Franzosenkaiser. Benito Mussolini mit dem vorgereckten Kinn dagegen scheint seine kurze Karriere nur gemacht zu haben, um den Astrologen den typischen Vorzeige-Löwen zu liefern. Habib Burgiba, Fidel Castro, Jaqueline Kennedy, Princess Margret Rose – alle im Löwenzwinger.
Der „Sonnenkönig" Ludwig XIV. hatte das Zeichen Löwe im Zenit.

Der Löwe ist sicherlich macht- und führungsbesessen, aber er ist ein großzügiger Chef. Solange man in seiner Linie und getreu seiner Richtlinien arbeitet, ist er sehr tolerant, ermutigt Eigeninitiative und kümmert sich nicht um Details. Die große Linie muß stimmen, und die bestimmt er. Er ist der selbstsichere, aber joviale Herr im weißen Kittel an der Spitze der allmorgendlichen „Chefvisite", dieser Kavalkade weißer Fledermäuse, die einmal am Tag durch unsere Hospitäler huscht. Und wenn er dann seine Damen und Herren Kollegen mit einem „also dann in diesem Sinne" an ihre Arbeit entläßt, meint er eigentlich „also dann in meinem Sinne", das weiß jeder, aber niemand mag bezweifeln, daß er und kein anderer der „Chef" ist. Und er hat bekanntlich immer recht.

Einer der großen Löwen der Wirtschaft hat das so weit getrieben:
Henry Ford nämlich war der Meinung, daß ein Auto schwarz und nichts als schwarz zu sein habe.
Wünsche nach anderen Lackierungen lehnte er mit dem großzügigen Hinweis ab, daß „bei mir jeder jede Farbe haben kann, solange sie schwarz ist". Basta.

Nie nur halb „lebendig" sein

Jener Henry Ford hat uns ein Buch hinterlassen, das „Mein Leben und Werk" heißt und zweifelsfrei von einem Löwen handelt.

Wenn diesem Zeichen Tatkraft und Lebenswillen zu eigen sind, ein rechtes „Sichausleben", dann beschreibt Ford das so: „Das Leben fließt... Die Menschen (aber) gewöhnen sich daran, nur halb lebendig zu sein. Der Schuster wird nur selten die „neumodische Art", Schuhe zu besohlen, sich zu eigen machen, der Handwerker nur höchst ungern eine neue Arbeitsmethode annehmen. Gewohnheit verführt zu einem gewissen Stumpfsinn, jede Störung erschreckt den Geist ähnlich wie Kummer oder Unglück."
Löwen gelten als besonders einsatzfreudig, sie sind immer „voll drin" und bereit, sich anzustrengen.
Originalton Ford: „Das Fehlen der Notwendigkeit, sich anzustrengen, ist für das Geschäftsleben stets schädlich. Das Gefühlsleben ist niemals so gesund, als wenn es sich, dem Huhne gleich, einen gewissen Teil seiner Nahrung zusammenkratzen muß."
Jetzt weiß unser Wirtschaftsminister, was er den Schiffbauern, Stahlkochern und Kohlediggern der Nation mit auf den Weg geben muß. Ein aufmunterndes Wort vom hohen Thron des Erfolges fällt immer leicht.

„Nichts, was uns wirklich interessiert", schreibt Henry Ford, „fällt uns wirklich schwer. Meines Erfolges war ich sicher. Der kann nicht ausbleiben, wenn man nur genug arbeitet".
Und dazu ist ein Löwe bereit.

Selbstvertrauen also gehört zu den guten Eigenschaften der Löwen, auch Selbstsicherheit, Gedankenreichtum, Organisationstalent und Führungseigenschaften.
Sie erleben sich selbst am intensivsten in der Kreativität; Stillstand wird als Vakuum empfunden.
Henry Ford: „Man findet sie überall, diese Männer, die nicht wissen, daß gestern gestern ist, und die am Morgen mit dem Gedanken vom Jahr vorher aufwachen.
Man könnte es beinahe als Formel aufstellen: wer glaubt, seine Methode gefunden zu haben, mag in sich gehen und gründlich nachforschen, ob nicht ein Teil seines Gehirns eingeschlafen ist."

Ein Löwe steigt meistens durch eigene Kraft auf, er kämpft sich nach oben.
Der Erfolg stellt sich selten vor dem fünfunddreißigsten Lebensjahr ein – vielleicht deshalb, weil, wie eine astrologische Statistik wissen will, die meisten aus einfachen Verhältnissen nach oben kommen.
Bei dem Antrieb, der in ihnen ist, ist das vielleicht die nötige Herausforderung, die sie brauchen und genießen.
Und wenn sie oben sind, kommt man am besten mit ihnen aus, wenn man sie streichelt. Das mögen alle Katzentiere.

Wohlgemerkt, es geht um den (selten vorkommenden) „reinen Löwen".
Häufiger ist es, daß das Bild vom weißen Riesen durch den Einfluß von Planeten anderer Prägungstendenz oder durch Verquickung mit anderen Zeichen, z.B. den Nachbarzei-

chen Krebs oder Jungfrau etwa, ganz anders koloriert wird. Bei der Verbindung von Krebs–Löwe ist dann weniger Führungsanspruch vorhanden, die Persönlichkeit wird weicher, die großen Gesten drastisch reduziert, die Großzügigkeit wird zurückgedrängt zugunsten von Vorsicht und Kalkül. Aber durch die Krebsprägung erwächst dem Löwen dann auch mehr Einfühlungsvermögen und psychologisches Gespür; und natürlich ein Interesse an psychologischen Hintergründen. C.G. Jung (26. 7. 1875) hatte Merkur und Venus im Zeichen Krebs.

Ist ein Manager also ein Löwe, dabei aber fürsorglicher und weicher als man erwartet, so dürfte das Zeichen Krebs in irgendeiner Form im Spiele sein.

Ganz anders wirkt sich Madame Jungfrau aus. Die Jungfrau ist das Zeichen der kritischen Analyse, der Sorgfalt, der Ordnung und der Liebe zum Detail.

Etwas zuviel Jungfrau macht den Löwen dann zum Pedanten – was King Lion ja nun wirklich nicht ist.

Die löwetypische großräumige Übersicht über Sachen und Probleme geht weitestgehend verloren und er wird nun ein Mensch wie du und ich – ein bißchen kleinkariert. Ein Drama! Da der Löwe in ihm eigentlich der Größte sein will, die Jungfrau jedoch bremst, wohnen zwei Seelen ach in seiner Brust. Entweder kommt jetzt der Strahlemann Löwe zu kurz – oder die Jungfrau wird überfordert.

In der Zweierbeziehung allerdings führt diese Konstellation zu noch mehr Zuwendung und Fürsorglichkeit, als sie der Löwe ohnehin gibt.

Ein guter Freund und Partner

Einen Löwen zum Freund zu haben, kann sehr viel Freude machen, und selbstverständlich gilt dies auch für die Löwin. Sie bringen viel Optimismus und Schwung mit, sie sind voller Lebensbejahung, in der Jugend häufig sportlich interessiert und auch aktiv dabei.
Später mag die runde, schwere Figur dann eher auf der Zuschauertribüne Platz nehmen.

> They are the greatest!
> Auch in der Statistik.
> Neuerdings sind die degenerativen Herzkrankheiten Problem Nr. 1.
> Risikofaktoren sind unter anderen:
> Überernährung, Übergewicht, Genußsucht, beruflicher Streß.

Die kosmobiologische Entsprechung des Tierkreiszeichens Löwe ist – das Herz.

Jungfrau
die kritische Lady

(24. VIII. bis 23. IX.)

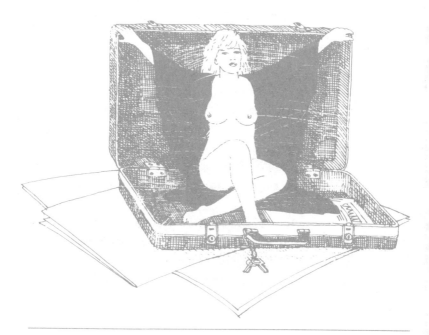

„Am 28sten August 1749, mittags mit dem Glockenschlag zwölf, kam ich in Frankfurt am Main auf die Welt. Die Konstellation war glücklich: die Sonne stand im Zeichen der Jungfrau und kulminierte für den Tag; Jupiter und Venus blickten sich freundlich an, Merkur nicht widerwärtig; nur der Mond, der soeben voll ward, übte die Kraft seines Gegenscheins um so mehr, als zugleich seine Planetenstunde eingetreten war.
Er widersetzte sich daher meiner Geburt, die nicht eher erfolgen konnte, als bis diese Stunde vorübergegangen."

So beschreibt Goethe in „Dichtung und Wahrheit" seine Geburt. Nur in einem irrte der Herr Geheime Rat: nicht der Mond widersetzte sich seiner Geburt, sondern der widerständlerische, hemmende, verhärtende Saturn, der in Konjunktion mit seinem Aszendenten stand. Dies ist übrigens immer ein Zeichen für einen verzögerten Eintritt ins Leben, eine Geburt unter Komplikationen.
Goethe beschreibt das so: „Diese guten Aspekten, welche mir die Astrologen in der Folgezeit sehr hoch anzurechnen wußten, mögen wohl Ursache an meiner Erhaltung gewesen sein: denn durch Ungeschicklichkeit der Hebamme kam ich für tot auf die Welt, und nur durch vielfache Bemühungen brachte man es dahin, daß ich das Licht erblickte."

Aber glücklich dran war er schon, der kleine Johann Wolfgang, denn einige Planetenstände und nicht zuletzt die Sonne im Zenit bewahrten ihn davor, eine „unverfälschte Jungfrau" zu werden – mit seiner Universalität wäre es sehr schlecht bestellt gewesen.

Der Erfinder des Zettelkastens

„Die Jungfrau", allein als Sonnenzeichen betrachtet, erscheint wie eine erschrockene Korrektur des vorangegangenen Löwen.
So, als wollte die Natur die Selbstherrlichkeit dieses Mähnentiers gründlich revidieren.
Die Jungfrau ist kritisch, analytisch, nüchtern, ordnend und sammelnd. Der erste Zettelkasten in der Geschichte der Menschheit könnte von ihr erfunden worden sein. Auf seinem (oder ihrem) Schreibtisch stecken zahlreiche Notizen in jener dafür gemachten Holzleiste wie Spatzen auf einem Telefondraht. Systematische Planung und Ordnung hat für eine Jungfrau fast die Faszination einer Droge. Den „Erfinder des Fünfjahresplans" nennt Herbert A. Löhlein den Jungfraugeborenen.
Und Fritz Riemann setzte einem Artikel über dieses Tierkreiszeichen ein Motto Galileis voran:
„Alles messen, was meßbar ist, und alles meßbar machen, was es noch nicht ist."

Das Bemühen um Genauigkeit macht den unter Jungfrau geborenen Mitarbeiter zu einem zuverlässigen Kollegen. Werden seine Begabungen nicht durch ausgleichende Planetenstände korrigiert, können sie sich zu Zwängen auswachsen, die dann zu enervierenden Marotten werden. Aus analytischem Denken wird dann eine penetrante Kritiksucht, aus dem Hang zur Präzision kleinliche

Detailbesessenheit, die den Überblick über das große Ganze völlig verloren gehen läßt.

Nach dem zur Maßlosigkeit hin tendierenden Löwen also ein gewaltiger Pendelschlag in die andere Richtung.
Aber, Jupiter sei Dank, das muß nicht so sein.

... meßbar machen, was es noch nicht ist

Carl Zeiss war eine deutlich durch Jungfrau geprägte Persönlichkeit. Vielleicht auch schon sein Vater, Hofdrechslermeister bei Karl Friedrich von Weimar, dem er einmal sagte:

„Hoheit müssen das anders machen!" Hoheit lernte, einer Zeitmode folgend, ein wenig von diesem und jenem Handwerk. Serenissimus fragte verblüfft zurück: „Ich? Müssen?" und Vater Zeiss parierte: „Wenn Hoheit eine vollkommene Arbeit leisten wollen, dann bleibt nichts anderes übrig, als daß Hoheit müssen."
Carl Zeiss begann als einfacher Mechaniker. Jungfrauen sind in der Regel keine Senkrechtstarter, sondern arbeiten sich planvoll und systematisch langsam nach oben.
Als Zeiss sich in Jena mit einer kleinen Werkstatt selbständig machen wollte, mußte er sich einer Prüfung durch die Landesdirektion unterziehen. Dreizehn schwierige Aufgaben mußten gelöst werden.

Es war indes nicht dies, was ihn ärgerte, sondern die „mangelnde Schärfe und Genauigkeit der mathematischen Fragestellung".
Er hatte übrigens, wie Einstein, den klassischen „Mathematikeraspekt", die positive Verbindung von Merkur und Uranus.

Seinen Unmut ließ er die Kommission wohl wissen, denn bei Erteilung der Zulassung erfuhr der Prüfling auch, daß „es wünschenswert gewesen wäre, wenn p. Zeiss durch das ihm eigen erscheinende Selbstvertrauen auf sein Wissen sich nicht hätte verleiten lassen, bei Fassung der schriftlichen Beantwortungen die Grenzen der gebührenden Bescheidenheit zu überschreiten ..."

Jungfrauen sind kritisch, aber sie explodieren im Konfliktfall selten. Eher neigen sie zu Spott oder zum Nörgeln.
Das berichtet Ernst Abbe auch von Zeiss, der „die andern mit etwas Spott und Ironie" geleitet hätte. Allerdings stellte er von Anfang an höchste Ansprüche, wenn es um die Präzision der Arbeit ging.
Schweigend prüfte er einmal das Mikroskop eines Gehilfen, wird berichtet, die Triebbewegung, Tubusauszüge und Prismenführungen. Dann nahm er einen Hammer und schlug es kurz und klein.
Sein abschließender Kommentar: „So, nun sind wir miteinander fertig".

Dies nun war gar nicht „jungfräulich" sondern ist seinem Jupiter im Skorpion zuzuschreiben.

Zeiss war und blieb im Grunde ein dem Detail verhafteter Handwerker. Ernst Abbe: Zeiss wollte Optik konstruierbar machen, so wie ein Architekt nur mit Zeichenstift und Feder ein Gebäude entwirft. So wollte auch Zeiss „das komplizierte Gebilde von Glas und Metall, wie das Mikroskop es erfordert, sich aufbauen lassen, rein verstandesmäßig, in allen Elementen bis ins Letzte vorausbestimmt in rein geistiger Arbeit durch theoretische Ermittlung der Wirkung aller Teile, bevor diese Teile noch körperlich ausgeführt sind..."
Meßbar machen, was noch nicht zu messen ist...
Die Firma Carl Zeiss wurde so letztendlich erst durch den Wissenschaftler Ernst Abbe, einem raumgreifenden Wassermann, zum Weltunternehmen.

Dann mach' dir einen Plan ...

Jungfrauen sind gute leitende Angestellte, weil sie methodisch arbeiten, Pädagogen, weil sie didaktisch begabt sind, und Psychologen, weil sie analytisch denken. Sie planen minuziös, vielleicht weil sie ahnen, daß sie völlig unbegabte Improvisateure sind. Dieser Hang zur Genauigkeit und Ordnung verrät auch die Furcht davor, einmal ins Schwimmen zu geraten. Dann nämlich, wenn der gründlich erarbeitete Plan über den Haufen geworfen wird, stehen sie

zunächst einmal im Nebel. Zwar geht es einem Löwen in einer solchen Situation nicht anders, aber der wird dann mit weiten Gesten und großen Worten den Eindruck zu verbreiten suchen, daß er völlig Herr der prekären Lage ist.
Eine Jungfrau ist viel zu wahrheitsliebend, als daß sie sich zu einem solchen Bluff hinreißen ließe. Wahrheitsliebend sich und andern gegenüber.
Aber wahrscheinlich gerät sie viel seltener in eine solche Situation als andere, weil sie gewissenhafter als andere plant.

„Wenn sie die Wahl haben zwischen einem Genie und einem Charakter – vergessen sie das Genie", sagte Carl Bosch, ebenfalls ein Jungfraugeborener. Und wie bei Zeiss findet sich auch bei ihm ein schönes Beispiel jungfrautypischer Meßlust:
„Ich habe es immer bei den Naturwissenschaften als besonderen Vorteil betrachtet, daß man mit Zentimetern, Grammen, Sekunden und anderen Meßeinheiten rechnen muß", sagte er, „dadurch wird die Selbstkritik besser geschult, weil nach kürzerer oder längerer Zeit die Richtigkeit oder Falschheit vorgewiesener Resultate unweigerlich herauskommen muß." Auch er eine kritische Jungfrau, also.

Wie lang ist ein Gefühl?

Ja, kann man Liebe messen, zum Beispiel?
Wie stellt sich die Zornamplitude dar und wieviel wiegt Trauer?

Mit Gefühlen geht eine waschechte Jungfrau um wie andere Leute mit Nitroglyzerin, denn Gefühle haben es an sich, ein wenig unscharf und nur schwer definierbar zu sein.
So wird ein Jungfraugeborener sehr häufig eine Ausstrahlung von Zurückhaltung um sich verbreiten. Als Schutz vor Gefühlsinvasionen wird ein Schild aus Spott und Ironie gezückt, wohlgemerkt: auch Selbstironie! Frauen haben eine Aura von Unantastbarkeit, wahrer Jungfräulichkeit, und diese vornehme Grazie bewahren sie oft bis ins hohe Alter. Greta Garbo und Ingrid Bergmann waren im Zeichen Jungfrau geboren und beide haben uns in ihren Filmen schöne Beispiele hinterlassen, wie Jungfrauen sich geben.

Die Jungfrau, allein als Sonnenzeichen betrachtet, erscheint also als ein sehr kritischer, genauer Planung und analytischer Durchleuchtung anhängender Mensch.
Die Gefahr besteht, über der Liebe zum Detail die Gesamtschau zu vernachlässigen oder die kritisch-analytische Neigung zur Kritiksucht ausufern zu lassen.
Der Einfluß von Planeten kann das sogar noch verstärken, aber, Salve Jupiter!, auch mildern.

Gemildert wird dann auch der psychosomatische Begleiteffekt „jungfräulicher Pingeligkeit". Viele Mitmenschen, die in diesem Tierkreiszeichen geboren wurden, sind ja Vegetarier oder Diätetik und Askese gegenüber sehr aufgeschlossene Menschen; möglicherweise weil sie ahnen, daß die kosmobiologische Entsprechung zum Tierkreiszeichen Jungfrau – der Verdauungstrakt ist.

Waage

der Diplomat des Alltags

(24. IX. bis 23. X.)

Labiles Gleichgewicht – der Begriff kommt aus der Physik und läßt sich doch sehr schön auf den Waagegeborenen übertragen: ein System, das sich nach einer Veränderung in sein ursprüngliches Gleichgewicht zurückstellt, wäre demnach ein stabiles, eines, das sich nach Veränderung immer weiter von seinem ursprünglichen Gleichgewichtszustand entfernt, ein labiles.
Ein Stab, der von einem Jongleur balanciert wird, verdeutlicht dies.

Und wie die Waage balanciert!
Das ganze Naturell des Waagegeborenen ist darauf angelegt, Menschen und Geschehnisse um sich her im Zustand eines harmonischen Gleichgewichts zu halten, Störungen sofort zu erkennen und darauf zu reagieren, auszugleichen, Konflikte zu vermeiden, Wogen zu glätten. Mißlingt dies, kommt er ins Schlingern.
Der Waagegeborene, privat und im Beruf, absolviert jeden Tag seine KSZE und andere Verhandlungen, die heute die Welt bewegen.
Jeder Tag ist für ihn ein Verhandlungstag und jeder Tag verlangt seine Kompromisse.

Der konziliante Wogenglätter

So stellt sich die Waage, gehen wir von der Sonnenprägung aus und lassen wir zunächst die Einflüsse durch andere Planeten außer acht, seinen Mitmenschen dar: sie ist sehr umgänglich und liebenswürdig. Frauen dieses Zeichens sind äußerst charmant, aber auch die Herren wissen mit ihrem Pfunde, der Konzilianz und guten Manieren, zu wuchern.

Der Waagegeborene ist friedfertig, friedliebend, ausgleichend und eigentlich immer ein Gewinn für die Gemeinschaft, in der er eine wohltuende Wirkung ausübt. Er ist sprachlich begabt, sieht auf gute Umgangsformen und liebt ästhetische Dinge oder Vorgänge: Kunst, Tanz, Musik, Architektur, Möbel und Objekte des Alltags in gutem Design. Waagemenschen achten vielleicht mehr als andere auf den Chic und den Zustand ihrer Kleidung, auf die Wirkung ihrer Körperhaltung oder das Flair ihres Parfüms. Selten werden sie beim Sprechen nuscheln, eher sich auch mit Fremdsprachen beschäftigen, und wenn es sich auch dann und wann nur um ein paar hübsche Redewendungen handelt. Eine Waage wird kaum Freundschaft schließen mit „irgend jemand". Auch hier achtet man wie bei der Qualität der Schuhe, auf gute Marken. Im Gespräch beiläufig diesen oder jenen bekannten Namen fallenlassen zu können, dieses name-dropping bereitet ihm Vergnügen.

Der Knigge-fan-club

Waagegeborene sind an diesem sehr angenehmen Komplex von ausgleichender Friedfertigkeit und guten Umgangsformen häufig sehr bald zu erkennen: eine Fan-Gemeinde des Adolf Freiherrn von Knigge, der uns

1788 in seinem „Über den Umgang mit Menschen" hat wissen lassen, wie wir es miteinander halten sollten.

Natürlich war der Freiherr eine Waage – und für eine Astrologin ist das natürlich ein gefundenes Fressen; selten stellen sich so ungeschmälerte, unverfälschte Träger bestimmter Merkmale eines Tierkreiszeichens ein, wenn man nicht die Möglichkeit hat, alle beherrschenden Faktoren des Individualhoroskops mit einzubeziehen.

Adolf Freiherr von Knigge sagt im Vorwort zur dritten Auflage seines Buches: „Wenn die Regeln des Umgangs nicht bloß Vorschriften einer konventionellen Höflichkeit oder gar einer gefährlichen Politik sein sollen, so müssen sie auf die Lehren von den Pflichten gegründet sein, die wir allen Menschen schuldig sind und wiederum von ihnen fordern können." Wenn das Buch hält was es verspricht, so des Freiherrns Worte, könne man es auch betiteln:

„Vorschriften, wie der Mensch sich zu verhalten hat, um in dieser Welt und in der Gesellschaft mit anderen Menschen glücklich und vergnügt zu leben und seine Nebenmenschen glücklich und froh zu machen."

Wenn das nicht Waage-Eigenschaften sind, die bei dem, übrigens gar nicht so sanftmütigen Freiherrn, da durchschlagen. Er hat höfliche Umgangsformen dem Bürgertum nahegebracht und damit einen Beitrag zur Angleichung der Stände geleistet.

Zwang zur Harmonie

Niemand kann seinen guten Eigenschaften davonlaufen – auch die Waage nicht. Wer notorisch um Ausgleich bemüht ist, wird sich eines Tages fragen müssen, wo die Grenze zur Konfliktscheu liegt.
Wer mit jedermann gut auskommen will, muß sich fragen, wo seine Diplomatie zur Wetterwendigkeit wird.

Jedes Tierkreiszeichen trägt in der Summe seiner Vorzüge auch die Gefahr ihrer Übersteigerung: die Gradlinigkeit des Steinbocks kann zur Sturheit entarten, der flinke Gedankenflug des Zwillings zur Flatterhaftigkeit und die Ordnungsliebe der Jungfrau zur Pedanterie etwa. Gewiß wird der unter Waage-Einfluß geborene Mensch in Gefahr sein, die manchmal unvermeidliche Härte in der Auseinandersetzung, Festigkeit im Wollen und Stetigkeit in der Durchführung seiner Pläne zu vernachlässigen. Und jedes Zeichen, das wissen Sie mittlerweile, hat auch seine erbitterten Feinde unter den Planeten, die vorliegende Eigenschaften, die wir in uns überwinden möchten, leider noch verstärken – aber auch seine Freunde, die negative Eigenschaften eines Tierkreiszeichens mildern oder eliminieren können.
Und kaum ein anderes Zeichen ist solchen Einflüssen gegenüber so sensibel wie die balancierende Waage.

Mars, einmal heimtückisch

Der Fußballer Paul Breitner riet einmal in einem Jugendbuch den kleinen Nachwuchskickern, sie mögen lernen, Fouls anständig zu machen. Die Betonung wollte Breitner auf anständig gelegt wissen.
Eine Sturmflut von Protesten war die Antwort. Dabei meinte Breitner etwas ganz Vernünftiges: Da ein Abwehrspieler im Zweifelsfall immer die „Notbremse" zieht, sollte er es jedenfalls so tun, daß dem Gegner kein Schaden zugefügt wird. Den Gegner nicht brutal, sondern elegant „legen".
Dies ist ein Beispiel, sagen wir mal, vom sachkundigen Umgang mit notwendig werdender Gewalt. Und dies gilt nicht nur für das Fußballspiel.

Der im Tierkreiszeichen Waage geborene hat eine regelrechte Abscheu vor Gewalt. Da seine Waffen die Diplomatie und der Ausgleich sind, lernt er somit nie, mit Aggression richtig umzugehen – und dies will doch gelernt sein.
Nun hat jeder Planet sein Domizil und ein Exil. Im Exil ist er dann im Allgemeinen abgeschwächt und verfremdet. Mars nun ist in Waage exiliert; aber hier entfaltet der kriegerische Planet einen ausgesprochen heimtückischen Einfluß.
Er wird also nicht schachmatt gesetzt, sondern läßt die Waage dann solche Fouls begehen, wie Breitner sie vermieden sehen wollte.
Ganz besonders kritisch wirkt sich dieses aus, wenn neben Sonne der Mars selber in diesem Zeichen steht.

Eine „Wirtschaftswaage"

Eine in Wirtschaftskreisen sehr bekannte Waage ist Carl Duisberg. Er verfügte über große Diplomatie (Sonne und Merkur in Waage), planerisches Denken (Mars, Jupiter und Saturn in Jungfrau), und er hatte Erfolg.
Erfolg wohl nicht zuletzt deshalb, weil sein Merkur, das Symbol der Ratio und des merkantilen Denkens, in der Nähe der Fixsterne Spica und Arcturus stand. Spica an exponierter Stelle im Horoskop oder in Verbindung mit Planeten gilt als Garantie für Erfolg, Ehre und Ruhm. Arcturus soll kämpferisch und prozeßlustig machen.

1890, bei einem wichtigen Prozeß gegen die Ludwigshafener Konkurrenz, nahm Duisburg in aussichtslos scheinender Situation seinem Anwalt das Wort und referierte selbst. Er gewann, wie jemand damals schrieb, durch diese „Cavallerieattacke". Ein badischer Postmeister sandte folgendes Telegramm nach Leverkusen: „Badentprotez prilland gewonnen..." Von nun an vertrat Duisberg seine Firma in allen Prozessen.

Aus seinem Geburtszeichen heraus bezog Duisberg wohl die Überzeugung, daß Abstimmung und Partnerschaft besser seien als der ruinöse Konkurrenzkampf, den sich die chemischen Fabriken damals lieferten, die Vergeudung an Mitteln in paralleler Forschung und Entwicklung. Er betrieb schließlich den Zusammenschluß der deutschen Chemie, sehr zum Schrecken der ausländischen Konkurrenz, wie wir wissen.

Auge um Auge ...?

Aber wir wollen die Waage nicht abschließen ohne einen bedeutenden Vertreter zu erwähnen, der ein Aushängeschild für dieses Sternzeichen zu sein scheint: Mahatma Gandhi.
Seine Gedanken wurden geprägt durch den Ahinsa-Begriff der Jaina-Mönche, das ist das Postulat des Nichtverletzens, und der Bergpredigt, Matth. 5. 38–39. Der Wunsch zum Ausgleich und zur Gewaltlosigkeit bezog Gandhi aus dem Zeichen Waage, seinem Sonnenzeichen. Dieses alttestamentarische „Auge um Auge ..." sagte er, „führt schließlich zur Erblindung der Menschheit."
Aber Gandhi hatte darüber hinaus eine starke Skorpionprägung, und dieses Zeichen vermittelt nun das Gegenteil von Sanftmut, nämlich u.a. Kampfbereitschaft und Fanatismus.
Das Ergebnis dieser sehr unterschiedlichen Einflüße war etwas bis dahin noch nicht Dagewesenes: eine Taktik provozierender Gewaltlosigkeit, mit erpresserischem Fasten, demonstrativem Leiden als politische Kampfmaßnahme.
Und wenn ich eingangs sagte, daß Waagen großen Wert auf Kleidung und Äußeres legen – tat er es nicht?
Bei ihm wurde die Kleidung Teil seiner politischen Maßnahmen. Er wußte wohl selber sehr genau, wie schön einfach er dahergeschritten kam. Aber das war ja sein gutes Recht.
Als Begründer des gewaltlosen Kampfes ging dieser Waagegeborene in die Geschichte ein. Ironie des Schicksals – – –?
In der letzten Minute seines Lebens wurde er mit offener Aggression konfrontiert – er starb durch Mörderhand.

Es geht mir an die Nieren ...

Ein Wort aus Volkesmund.
Wer als Waagemensch nun ein Leben lang um Ausgleich bemüht ist, Ärger und Verdruß filtert, dem geht vor lauter Harmoniebedürfnis der Ärger eines Tages an die Nieren. Der kosmo-biologische Schwachpunkt des Zeichens Waage ist der Nieren-Blasen-Harntrakt.

Skorpion
der Ritter ohne Furcht...

(24. X. bis 22. XI.)

... und Tadel?

Schade, die große Zeit der Skorpione scheint vorbei zu sein. Die Zeit, in der er sich in Eisen kleiden lassen konnte, aufs Pferd heben, dem Gegner noch ein geringschätziges Lächeln, der Dame in der Loge einen glühenden Blick zuwerfen, dann das Visier runter und auf ging's.

Und wenn dann der gegnerische Eisenkloß von seinem Gaul krachte war da noch der Handschuh der Angebeteten, den es aufzuheben galt.

Ein zufriedenes „Uff, geschafft!"

Das waren noch Zeiten, da hatten Skorpione noch kein Bauchgrimmen, denn ihrem Kampfgeist konnten sie freien Lauf lassen. Du oder ich! Entweder oder! Ja oder nein – ohne Kompromisse.

Kammerjäger des Unternehmens

So nannte einmal ein Kollege von mir die Skorpione. Wenn aufzuräumen ist, wenn alles wieder einmal auf Vordermann gebracht werden muß und auch wenn es nötig erscheint, blaue Briefe zu verteilen, dann geht am besten ein Ritter ohne Furcht zur Sache.

Nun ist dies – zum Glück für die Skorpione – sehr drastisch dargestellt. Gar so offensiv sind sie gar nicht, denn Skorpione derart reinen Wassers gibt es selten.

Und wenn, dann sind sie unter den Namen Göbbels und Freisler in die Geschichte eingegangen.

Nach landläufiger Meinung ist der Skorpion ein Problem-Zeichen im Rund des Tierkreises. Wer über diesen Drauf-

gänger schreibt, beginnt seine Ausführung meistens mit dem Zitat: „Hier stehe ich, ich kann nicht anders .." Ja, auch der streitbare Luther war ein Skorpion. Ein Renommier-Skorpion sozusagen, denn wie bei dem „gerechten Krieg" paart sich Kampfeslust mit einer guten Sache – zumindest aus der Sicht der Lutheraner.
Kaum ein anderes Tierkreiszeichen birgt in sich solche Extreme wie das des Skorpions.
Luthers fanatische Askese in seinen Mönchsjahren einerseits und seine sinnenfrohe, fast derbe Gelöstheit später sind auch dafür ein Beispiel. Der Mönch heiratete schließlich eine Nonne.

Skorpione wollen etwas mit Entschiedenheit in Bewegung bringen, auch unter der Prämisse „koste es, was es wolle." Luther hat es in der Tat erreicht.
Als „Kammerjäger" der Kirche hat er dem klerikalen Bodenpersonal auf die Finger geklopft – aber er war gegen sich selbst genau so gnadenlos und hart.
Im Wesen der Skorpione gibt es eine ungeheure Bandbreite des Erlebens, von bitterernster Askese bis zu sinnlicher Ausschweifung, von sensibelstem Empfinden bis zu draufgängerischer Kampfeslust. Halbherziges ist ihnen ein Greuel. Alles oder nichts!
„So oder so, die Erde wird rot!" singt ein anderer Skorpion, der Liedermacher Wolf Biermann. Auch hier kein Kompromiß: „Leben-rot oder Tod-rot!"
Aber er singt auch den Text des Predigers Salomo, 9,11: „Ich wandte mich und sah, wie es unter der Sonne zugeht, daß

zum Laufen nicht hilft schnell sein, zum Streit nicht hilft stark sein, zur Nahrung nicht hilft geschickt sein, zum Reichtum nicht hilft klug sein;
daß einer angenehm sei, dazu hilft nicht, daß er ein Ding wohl könne..." Hier bricht sein Lied, bis hier politisch interpretiert, ab. Es folgt: „... sondern alles liegt an Zeit und Glück".
Mir als Astrologin ist dies vertraut, denn wir arbeiten mit dem Begriff „Qualität der Zeit", ein politischer Liedermacher, auch das kann ich verstehen, kann sich damit nicht zufrieden geben.
Nach diesen ersten Versuchen, dieses so schillernde, aufregende, faszinierende, hinreißende aber auch ärgerliche Zeichen zu porträtieren, zunächst einmal eine astrologische Einordnung.

Mars + Pluto = Mars^2

Das Aktivitäts- und Kampfsymbol Mars ist, wie im Widder, auch im Skorpion zu Hause, aber ebenfalls Pluto.
Über den letzten, erst 1930 entdeckten Planeten sind sich die Astrologen noch nicht einig, wenn es um die Einflüsse geht, die von ihm ausgehen.
Allgemein anerkannt werden die Aspekte Macht und Erfolg und dies speziell im Zusammenhang mit Kollektiv, Volk und Masse. Auf jeden Fall ist Pluto eine Verstärkung der Einflüße des Mars.

Da nun aber das Zeichen Skorpion dem Wasserelement zugeordnet ist, das bekanntlich übergroße Sensibilität und Empfindsamkeit beinhaltet, ergibt sich aus diesen beiden Konstellationen eine merkwürdige, spannungsreiche Dissonanz.

Es entsteht sozusagen ein verletzlicher Cowboy. Sein verstärker Mars signalisiert schon in früher Jugend Kampfbereitschaft.

Die Umwelt reagiert entsprechend und haut ihm auf die Finger, versucht ihn zurechtzustutzen, solange sich der kleine Skorpion nicht wehren kann. Er lernt, daß Angriff die beste Verteidigung ist, denn nach seinem verletzten Innenleben scheint niemand zu fragen.

Und nachdem wir schon die Tribüne ritterlicher Turniere bemüht haben, hier ein späterer Kampfplatz: der Wilde Westen. Für den Skorpion mit seinen schlechten Erfahrungen gilt nun:

> Erst schießen, dann grüßen!
> Erst schlagen, dann fragen!

So kommt man durchs Leben: stärker sein als andere, schneller, wacher, – und das alles auf Kosten der an sich weichen Seele.

Die Lust zur Kritik ist ausgeprägt, ebenso die Lust zur Veränderung. Der Skorpion ergründet, erforscht, kompromißlos und unbestechlich den Zustand der Welt und der Mechanismen, die sie so machen, wie sie ist – und, bei Mars und Pluto! warum sollte sie so bleiben?

Skorpione sind bewegliche Leute, die es nicht auf den Plätzen hält, wenn irgendwo in der Welt etwas zu holen ist. Nicht umsonst waren James Cook, der Begründer der Reisegesellschaften und schließlich auch Karl Baedeker, der mit seinem Reisehandbuch-Verlag weltberühmt geworden ist, allesamt ehrenwerte Mitglieder dieser Tierkreiszeichenzunft. Was die Kritiklust angeht, so denke ich, daß auch Rudolf Augstein ein schöner Vorzeigeskorpion ist: engagiert, kämpferisch und provozierend. Er reibt Salz in die Wunden deutschen Gewissens, oft zu recht, aber auch häufig überzogen. Eins seiner Bücher trägt den Titel: „Jesus **Menschensohn**". Soll die Kirche doch kommen!

Der engagierte Ober-scout

Während der Löwe davon überzeugt ist, selbstverständlich die Nummer eins in der Crew zu sein, sozusagen aufgrund natürlicher Bestimmung, ist es für den Skorpion lediglich das Ziel, eine Führungsposition zu erringen, wissend, daß er dafür kämpfen muß.
Wohlgemerkt, der lupenreine, vom Sonnenstand geprägte Skorpion, denn die verschiedenen Einflüsse von Planeten können ja nur individuell berücksichtigt werden, ihre zum Teil drastisch differenzierende Umstruktuierung des Grundtypus ist hier, wie bei jedem Zeichen, wirksam. Der Bilderbuch-Skorpion jedenfalls ist eigentlich nur in leitender Position anzutreffen. Ist er weiblichen Geschlechts, handelt es sich immer um eine schillernde, faszinierende Frau mit starker Ausstrahlung.

Sie ist umgeben von männlichen Mitarbeitern, die sie nicht nur akzeptieren, sondern auch irgendwie von ihrem Charisma gefangen sind. Sind Krebs und Stier weiblich geprägt mit den Attributen Fürsorge und Mütterlichkeit, so ist der Skorpion ein sehr männlich geprägtes Zeichen, das auch weibliche Vertreterinnen dieses Zeichens ihre Ansprüche und Bedürfnisse deutlich anmelden läßt. Natürlich sind auch sie bereit zu kämpfen und sich einzusetzen.

Intelligenz, schnelle Auffassungsgabe, untrüglicher Instinkt für die Schwächen des Gegenübers machen einen Skorpion zu einem schlauen, aber auch kühnen Verhandlungspartner, der im rechten Moment auch den Konflikt nicht scheut. Mehr noch, gerade konfliktreiche Situationen beleben ihn, fordern ihn heraus und lassen ihn so recht spüren, daß er lebt. Er schläft dann schlecht, wie jeder von uns ab und an. Noch schlechter aber findet er Schlaf, wenn alle Schwierigkeiten beseitigt sind und sich die Wogen geglättet haben.
Dieser Zustand des Friedens wird ihm bald als der Charme eines Altenheims erscheinen. Nur wird das sehr selten der Fall sein; da er kaum delegieren mag, hat er allzeit die Hände voll zu tun und den Schreibtisch voller „Vorgänge". Besonders genießt er die Funktion eines Katastrophenhelfers, der wieder einmal einen Brand löschen oder eine Karre aus dem Dreck ziehen muß. Das allerdings gelingt auch niemandem so gut wie einem Skorpion. Ein Kollege nannte ihn „belastbar und knitterfest". Weiß Gott, das stimmt. Auch kann man sich auf ihn verlassen und mit Sicherheit wird er nie ein Anhänger der „Null-Bock-auf-nichts-Bewegung" sein.

Vielleicht, wenn überhaupt, wird eines Tages die labyrinthische EG-Agrarmarktordnung von einem Skorpion in praktikable und vernünftige Agreements gepreßt. Ohne pressure geht's da kaum, fürchte ich, und wer sonst sollte in der Lage sein, dieses kostspielige Interessepuzzle zu vernünfterisieren.

Baldriankonstellation

Was nun läßt unsern Skorpion ein bißchen ruhiger und ausgeglichener werden?
Zuerst ist da der Aszendent, das aufsteigende Zeichen in der Geburtsstunde, der stark modifizierenden Einfluß hat.
Dann ist einmal wieder Jupiter zuständig. Ist dieser im Zeichen Krebs oder Fische plaziert, macht er unsern überwiegend ego-betonten Skorpion altruistischer. Ebenfalls Venus in den Nachbarzeichen Waage und Schütze mildert Härten und Schärfen, gleicht übergroße Spannungen aus. Stehen nun beide dieser „weichen Planeten" gut plaziert und aspektiert im persönlichen Horoskop, kann man von einer „Baldriankonstellation" sprechen.
Ritter ohne Furcht? Ja!
Ritter ohne Tadel? Na ja ... aber in jedem Fall Ritter, und so galant wie jene hohen Herren, die ihre Eisenkonfektion mit Grandezza getragen haben sollen.
Dynamische Menschen sind in allen Bereichen dynamisch.
Gesunder Baum, viel Harz.

Ich gab ihnen bei allen Tierkreiszeichen auch die körperliche Entsprechung, die sich als Schwachpunkt im System entwickeln kann. Beim Skorpion ist es das Organ, das meine Mutter noch das „Unaussprechliche" genannt haben würde.

Schütze

„I did it my way!"

(23. XI. bis 22. XII.)

So singt Frank Sinatra und schert sich einen feuchten Kehricht darum, was die Welt von ihm denkt:
"Regrets, I had a few, but there again too few to mention…"
Er glaubt das sicher auch. Und wenn er sich mal übernommen hatte und ihm die Sache quer im Hals lag – "I ate it up and spit it out!" Ein lupenreiner Schütze, der Frankyboy.
Von sich überzeugt zu sein, ist sozusagen die Wappeninschrift dieses Zeichens.
Man sagt, ein Schütze geht so weit wie andere und schießt dann darüber hinaus.

Jupiter himself, also Zeus höchstpersönlich, hat im Zeichen Schütze sein Domizil, und das heißt Expansion, Recht und Ordnung, Geld und Gut.

Jupiterhafte Expansion auch im leiblichen Bereich – so mancher Schütze kämpft einen zähen Kampf mit der Waage – und gemeint ist hier nicht das Tierkreiszeichen, sondern das grausame Utensil im Badezimmer.
Sollten die Tiere, wie bei Loriot die Hunde, versuchen, die Menschen zu domestizieren und abzurichten, beim Schützen hätten sie große Schwierigkeiten.
Er läßt sich in keine Schablone zwängen, beharrt auf Selbständigkeit und Unabhängigkeit wie kaum ein anderes Zeichen und ist ganz auf Expansion eingestellt.
Schützen sollten eigentlich nur in multinationalen Konzernen arbeiten, wo sie den ihnen gemäßen Rahmen hätten: zum Reisen, zum Handeln über kleinliche Grenzen hinaus, zu internationalen Kontakten.

Der schonungslose Kritiker

Schützen neigen dazu, die Dinge beim Namen zu nennen und kein Blatt vor den Mund zu nehmen; wohlgemerkt, die lupenreinen Vertreter dieses Zeichens, deren Persönlichkeit nicht durch die Einflüsse sanft stimmender Planeten mehr geprägt wird als durch den Sonnenstand. Da der Schütze von sich und seinen Qualitäten ganz ohne Zweifel überzeugt ist, seine Sache als die gerechte und richtigere ansieht, gerät er leicht in Gefahr, anmaßend und dünkelhaft zu wirken. Im Eifer kann es sein, daß er sich um Kopf und Kragen redet.
Bei diesen Gefährdungen, die vor allem dann hervorstechen, wenn Mars in der Nähe seiner Sonne steht, kann man dem Schützen Mannesmut (der Schützin also Frauenmut) nicht absprechen. Man mag über den Grafen Lambsdorff denken wie man will, aber Feigheit vor Königsthronen ist offensichtlich nicht seine Sache.

>Noch einmal Sinatra:
>„To think I did all that
>and may I say: not in a shy way,
>oh no, oh no, not me,
>I did it my way!

Oh nein, nur keine Schüchternheit aufkommen lassen.

Die mobile Gesellschaft

Kaum ein Schütze bleibt am Geburtsort. Häufige Standortveränderungen sind eher die Regel. Genau so beweglich gehen sie Probleme an.
Kleinkarierte Detailarbeit ist ihnen ein Greuel. Einer großräumig entworfenen Leitidee auf die verschiedenste Art und Weise nachzugehen, immer wieder mit anderen Ansatzpunkten und Taktiken, das liegt ihnen eher. Findet dies noch vor einer beeindruckten großen Öffentlichkeit statt, um so besser.

Der Schütze stellt sein Licht, weiß Gott Jupiter, nicht unter den Scheffel.
Wenn er Neues erfinden und Hintergründe erhellen will, dann vor allem mit originellen, nicht mit eingefahrenen Mitteln und Wegen.
Überzeugt von seiner Idee, offen bis rücksichtslos in seiner Argumentation, kommt es dann häufig zu Konflikten. Anders als beim Steinbock zum Beispiel, zeigt der berufliche Werdegang von Schützen selten eine kontinuierlich nach oben führende Erfolgskurve, sondern erinnert eher an das Bewegungsdiagramm eines sprunggewaltigen Kängeruhs. Häufiger Ortswechsel also, wenn es um den Standort des Arbeitsplatzes geht. Auch wenn das einem beruflichen Werdegang nicht immer förderlich ist, so erweitert es seinen ohnehin schon weit gespannten Horizont, macht ihn mit den verschiedensten Berufen und Nebenberufen bekannt und gibt ihm den Erfahrungshintergrund für die Zeit der Konsolidierung.

Daß er sich, am Ende seiner beruflichen Erfolgsleiter angekommen, soweit den geschäftlichen Verpflichtungen unterwirft, daß er seine geliebten Hobbies aufgibt, ist nicht zu befürchten. Ihnen wird er Zeit seines Lebens mit großem Eifer nachgehen. Möglich, daß manchmal offenbleibt, was er ernster nimmt, Beruf oder Steckenpferd.

Man sagt Schützen eine große körperliche Beweglichkeit nach und die Liebe zu entsprechenden Sportarten. Es soll aber nicht verschwiegen werden, daß einer der berühmtesten Vertreter dieses Zeichens, Winston Churchill, hier die Astrologie korrigiert hat. Auf die Frage, welchen Verhaltensweisen er denn sein hohes Alter zu verdanken hätte, antwortete er:
„First of all: no sport!"
Und paffte, im Bett Rede und Antwort liegend, seine obligatorische Zigarre.

Jogger mögen darüber nachdenken. Bei seiner jupiterhaften Leibesfülle war der Verzicht auf Sport vielleicht nichts weiter als die Einsicht in höhere Notwendigkeit. Immerhin, in seiner sprachgewaltigen Streitlust war er ganz Kind dieses Tierkreiszeichens. „Alles, was ich euch geben kann, sind Blut, Schweiß und Tränen!"
Friß Empire, oder stirb.
Nachdem er dasselbe in der Tat gerettet hatte, wählten ihn die Briten ab. Dieses Volk muß ein astrologisches Gespür haben, denn wahrscheinlich hätte sich der Schütze Winston Churchill als Friedenspremier bald bis zur Interessenlosigkeit gelangweilt und alle Zügel schleifen lassen.

Ruhe und Frieden ist für einen Vertreter dieses Tierkreiszeichens ein Interregnum, das von Langeweile beherrscht wird. Damit soll nicht gesagt sein, daß ein Schütze für den Krieg wäre. Er greift halt gern Ideen auf, die den Alltag erträglich interessant machen. Themen gibt es genug, auch solche, bei denen es sich lohnt, daß sie streitbar vertreten werden.

Von Frau und Amazone

Auf einer Dokumenta faszinierte mich eine junge Künstlerin mit einem Stück Aktionskunst. Sie schoß, amazonenhaft gekleidet, auf ein Marienbild. Sie spannte ihren Bogen und schoß Pfeil auf Pfeil auf das Symbol einer Frauenrolle, die sie nicht nur nicht annehmen, die sie auch vernichten wollte. Diese Aktion erschien mir den Inbegriff des Schützen zu symbolisieren. Mit starkem Engagement für eine Sache kämpfen, auch auf die Gefahr hin, übers Ziel hinauszuschießen. Gläubigen Christen muß sich diese Aktion als eine ungeheure Blasphemie dargestellt haben. Der Schütze setzt seine tiefe Überzeugung dagegen und geht mit offenem Visier in den Konflikt.

Man mag über die Vorstellungen von Alice Schwarzers neuer Weiblichkeit denken wie man will, auch hier tritt uns eine Schützin reinsten Wassers entgegen. Und auch bei ihr ist von Verstecken und Feigheit keine Rede, eher von „Mannesmut".

Sie war der Heinz Klunker der Frauenbewegung, verlangte neun Prozent Aufwertung, um uns letztendlich viereinhalb zu bescheren.

Genug von Kampfeslust und Mit-dem-Kopf-durch-die-Wand. Es ist ein hervorstechendes Merkmal dieses Zeichens und ein gutes Rüstzeug, einmal als gut erkannte Dinge zu realisieren.

Stoßdämpfer und Stabilisatoren

Diese Dinger haben im Auto die Aufgabe, allzu heftige Bewegungen aufzufangen und beherrschbar zu machen.
Wenn wir beim Auto als Eselsbrücke bleiben wollen: was der unverfälschte Schütze ausreichend mitbekommen hat, sind die PS.
Er sollte sich um die oben beschriebenen Sanftmacher und um gute Bremsen bemühen. Da ist die Marke „Merkur in Steinbock" zu empfehlen; denn sie bringt Nüchternheit und kontrollierte Vernunft, Vorsicht und Umsicht in das bewegliche Schützesystem.

Durch Merkur in Skorpion wächst ihm Skepsis und ebenfalls größere Vorsicht zu, aber auch der Hang, ironisch und sarkastisch zu kritisieren. Der Saturn ist, wie überall, der beste Stabilisator, auch der Steinbock als Ascendent. Durch diese Konstellationen beruhigt, ist der Schütze

dann ein Chef, mit dem man durch dick und dünn gehen kann. Jupiter, der Gott, den wir noch im Wort Jovialität vorfinden, verleiht ihm seine Freude an Kommunikation. Er ist großzügig wie ein Löwe, stochert nicht in Details herum, sondern kümmert sich um die große Linie.
Großhändler – nicht Kleinkrämer!

Da Schützen sich für soziale Gerechtigkeit engagieren (auch humanitäre und religiöse Themen interessieren sie oft), sind es Chefs, die dem Grundsatz anhängen, daß es am besten läuft, wenn für alle etwas abfällt.
In ihrer geistigen Beweglichkeit fällt es ihnen nicht schwer, den Standpunkt des andern aus dessen Situation heraus zu begreifen. Wird dieser akzeptiert, dann tritt der Schütze mit aller Entschlossenheit auch dafür ein. Er mag poltern, aber niemand wird an seiner Ehrlichkeit zweifeln. Sie geht Hand in Hand mit einem ausgeprägten Gerechtigkeitsempfinden, für die er mit fliegenden Fahnen in den Kampf zu ziehen bereit ist.

Er ist ein exzellenter Redner. Alle guten Rhetoriker haben, wenn es sich nicht gerade um Schützen handelt, eine entsprechende Schützebesetzung auf die eine oder andere Weise. Schützen müssen sich im alten Griechenland besonders zu Hause gefühlt haben, dort wo die Rhetorik zur Kunstform entwickelt wurde.

Auch das imposante Erscheinungsbild der griechischen Darsteller in den Amphitheatern, die bis heute eine so verblüffende Akustik haben, kommt den Schützen sehr entgegen. Er mag Öffentlichkeit.

Als zwangsläufige Folge seines Interesses für den Umgang mit der Spache erwächst ihm die Liebe und Fähigkeit zum Studium von Fremdsprachen. Dabei bleibt es bei einem echten Schützen nicht bei der Grammatik, sondern er interessiert sich für Völker, ihre Kulturen und ihre Lebensweisen. Häufig geht der berufliche Werdegang des Schützen über Stationen im Ausland.
Ganz gewiß nicht zu gebrauchen ist ein Schütze für die Arbeit im stillen Kämmerlein, abgeschlossen vom pulsierenden Leben und von seinem Publikum.

Durch eine starke Fischeprägung indes ist auch das möglich – und man erkennt vor lauter Neptun den Schützen nicht mehr. Falls es Sie interessiert, lassen Sie sich solche astrologischen Feinheiten von einem Astrologen erklären.

Ein unverfälschter Schütze wird seine Karriere entweder im Außendienst beginnen, oder dort, wo er „zu seinem Publikum" sprechen kann. Ist er Chef, wird sein Interesse für die fernen Niederlassungen des Unternehmens auffallend sein.
Kein Wunder, er läßt sich ja auch keine Chance entgehen, die exotischen Dependencen der Firma so oft wie möglich zu besuchen.

Wer so atemlos durchs Leben prescht, wird eines Tages daran erinnert, daß alles seine Grenzen hat.
Beim Schützen werden die Hüften solche Zeichen setzen – und die Lunge.

Steinbock
„Der redliche Knecht"

(22. XII. bis 20. I.)

Wenn ich aus der theoretischen Astrologie einen praktischen und aktuellen Rat geben sollte, würde ich dem Trümmerhaufen AEG einen Steinbock an die Spitze wünschen, in den besten Jahren und mit dem Aszendenten Widder. Dieses Unternehmen hätte ihn nötig, denn kein anderes Sternzeichen verleiht größere Fähigkeit, Nackenschläge abzuschütteln, verlorene Fäden geduldig und hartnäckig immer wieder aufzunehmen, chaotisch versprengte Horden zu neuen Schlachtformationen aufzubauen. Bevor ein Steinbock aufgibt, müßte er sich selbst aufgeben. Und das tut er nicht.

Beim Fliegen kommt's aufs Wetter an

Ein Vergleich dazu, der so saturnisch hinken mag wie bekanntlich jeder andere:
(oh ja, ihr Steinböcke, Saturn regiert in euerm Haus, Saturn, der im Alter für viel Kalk sorgen wird, und nicht nur in den Beinen. Steinböcke können sich heute schon den Kurort ihres Rentnerdaseins aussuchen!)

Nehmen wir das Leben als einen Flug. Das Flugzeug sei die Grundqualität und Eigenart, die dem Lebenspiloten vom Tierkreiszeichen mitgegeben wird – wählen wir eine „Stonebock 200". Die Leistungen dieser Maschine können dem Handbuch entnommen werden: Tragfähigkeit, Reichweite, Geschwindigkeit über Grund ... Herrscht Windstille und gute Sicht, ist der „Lebensflug" berechenbar bis zur „estimated time of arrival".

Aber da gibt es den Aszendenten und die Planeten, in unserm Vergleich die meteorologischen Imponderabilien. So fliegt der eine mit Rückenwind bei bester Sicht, ein typischer „Überflieger", der die mühevollen Stationen in der Hierarchie des Hochdienens einfach abhakt.
Andere haben sich mit Gegenwind und Gewittern, Nebel und anderen aviatorischen Stolpersteinen herumzuschlagen. Das Grundmuster „Stonebock 200" wird also durch helfende und hemmende Faktoren in seiner Grundleistung beeinflußt.

Der Steinbock als Manager, das läßt sich also nur grob skizzieren; trotzdem möchte ich später auch einige detailliertere Konstellationen vorstellen.
Der Steinbock also, geboren, als die Sonne in diesem Zeichen stand, zunächst ohne die Wenns und Abers des Aszendenten und der Planeten, was ist das für ein Chef?

Wir müssen alle schlechte Arbeit hassen lernen wie die Sünde. Goethe

Das hätte ein Steinbock sagen können.
Man kann den Markt ja auch anders angehen. Etwa so: „Laßt euch mal was Schickes einfallen, dann in die Produktion damit und auf den Markt. Das läuft im Moment!"
Ein Steinbock in einem solchen Unternehmen wird sehr bald verstohlen den Stellungsteil der Zeitung lesen. Er liebt das Solide, Handfeste, er will es perfektionieren, zum Synonym für Qualität machen. Erhält sein Produkt nur die Testnote „gut", stehen Entwicklung und Produktion unge-

mütliche Tage ins Haus. Er wird sich beherrschen wie es seine Art ist, aber mit seiner (meist sehnigen) Hand auf den Tisch klopfen und eisig verlangen, „durch harte Arbeit wieder zu der Qualität zu finden, die unserm Haus Verpflichtung zu sein hat", und er weiß wovon er spricht. Er hat sich durch Zuverlässigkeit und Disziplin, durch Fleiß und Wissen hochgedient, ein wahrhaft „redlicher Knecht", der seine ganze Kraft dem übergeordneten Großen zur Verfügung stellte, der es sich nie leicht machte, meist kein Senkrechtstarter, sondern ein systematischer Fleißarbeiter. Er kennt sein Metier von der Pike auf. Wenn er was verlangt – er weiß, wovon er spricht.
Mache nie die beste Arbeit des Jahres,
mache immer die beste Arbeit des Tages!
Dieses Wort von Klingspor ist sein Erfolgsrezept. Das verlangt er auch von anderen, ohne Charme, wenig jovial, sondern mit eher distanzierter Korrektheit.
Zur Sache, bitte!

„Und was mache ich am Nachmittag?"

Auch in der Welt von Wirtschaft und Industrie gibt es eine blühende Legendenbildung.
Ihr Wahrheitsgehalt mag eher einem Anglerheim entspringen, eigentlich unrichtig scheinen sie nicht zu sein.

Dem Steinbock Heinrich Nordhoff, so die Legende, wird von der Bundeswehr angeboten, einen neuen Jagdwagen entwickeln zu lassen. 4000 Stück, so die Militärs, könne er gleich in sein Auftragsbuch schreiben. Nordhoff überlegt nur kurz und fragt: „Und was mache ich am Nachmittag?" Das ist steinböckisch! Mögen sich andere eine rosige Zukunft ausmalen, angesichts eines so interessanten Kunden, der Steinbock rechnet ungerührt: input – output – was bleibt?

Bleiben wir noch bei Heinrich Nordhoff, der wie kaum ein anderer Vorzüge und Gefährdung für ein Unternehmen verkörperte, wenn es der Leitung eines Steinbocks untersteht.

Als die Engländer sich nach dem Krieg die Reparationsleistungen zusammenstellten, die wir zu zahlen hatten, winkten sie in Wolfsburg ab: too ugly, is it a car at all? Nordhoff übernahm ein Auto, das nach seinen eigenen Worten „mehr Fehler hatte als ein Hund Flöhe". Und aus diesem „bug" wurde unter seiner Leitung ein Fahrzeug, das sich seiner legendären Zuverlässigkeit wegen selbst dann noch verkaufen ließ, als es technisch schon lange passé war, ein Erfolg nicht zuletzt der fanatischen Gründlichkeit des Steinbocks Nordhoff.

Alter: wenn Konsequenz zum Starrsinn wird

Aber genau diese Tugend, diese unbeugsame Konsequenz, wird dem Steinbock im Alter leicht zum Strick. Unmerklich verändert sich das Klima um ihn her, wird seine bisher unumstößliche Kompetenz in Zweifel gezogen, seine Unbeweglichkeit als Bedrohung empfunden. „Gute Idee, aber die brauchst du dem Alten gar nicht erst vorzulegen, der schmeißt dich achtkantig raus. Den ändert keiner mehr!"

Am Ende, so einer jener Legenden, stellten die Ingenieure bei VW die „Nordhoff-Typen" möglichst in die dunkelste Ecke und die Modellentwürfe neuer Konzeption ins beste Licht der Halle. Sein Favorit hatte dann doch einen luftgekühlten Heckmotor.
Betretenes Schweigen. Einem Steinbock sollte man nicht widersprechen, schon gar nicht im Alter.

Nach Erfolg durch harte Arbeit und Stetigkeit also die Gefährdung des Lebenswerks durch zunehmenden Starrsinn, Verhärtung, Verkalkung. Ist das ein Schicksal, dem der Steinbock nicht entgehen kann?

Saturn, der gehört zu „Bau, Steine, Erden."

Eigentlich verantwortlich dafür ist der Saturn. In jedem Tierkreiszeichen, so die Astrologie, herrscht ein Planet und gibt dem Haus seine besondere Charakteristik. Für den Steinbock also ist der Saturn derjenige welcher. Ich nenne ihn gern den Planeten der Gewerkschaft „Bau, Steine, Erden", denn tatsächlich zeigen viele Steinböcke nicht nur eine berufliche Affinität zum Komplex „Bauen, Architektur", aber auch zum Handel mit Baustoffen, Immobilien, und als Manager bauen sie ihr Unternehmen mit der tektonischen Solidität eines Gebäudes auf. Und wenn ich eingangs sagte, daß sich Steinböcke schon früh den Kurort ihres Alters aussuchen könnten, so hat das mit der „Verkalkung" zu tun, die ihnen in ihrer Pensionszeit mehr als anderen zu schaffen macht.

Wer nun erlöst den Steinbock aus dem Korsett seines Tierkreiszeichens, das ihm zwar alle seine guten Möglichkeiten zur Entfaltung, schließlich aber so unüberwindliche Schranken zu setzen scheint!

Jupi, der Weichmacher

Wer also gibt dem spröden Steinbock seinen Charme, wer verhilft ihm zu mehr Jovialität, Verbindlichkeit? Das ist Jupiter, der den etwas herben Charakter des Steinbocks weicher macht. Dieser italische Gott des lichten Himmels, der seit der mittelalterlichen Astronomie Fröhlichkeit und Heiterkeit verkörpert und aus dessen Genitiv Jovis unser jovial wurde, bringt seine wohltuenden Kräfte ein, wenn die Zeichen Schütze und Fische, die Domizile des Jupiters, in der Geburtszeit am Osthimmel aufsteigen.

Mars macht mobil – tatsächlich!

Der Steinbock, wir wissen es nun, ist fleißig, gründlich, gewissenhaft, stetig, konsequent ... nur leider, sehr beweglich ist er nicht. Da hilft ihm Mars auf die Sprünge. Seine größte Dynamik entfaltet dieser Planet in den Zeichen Widder und Skorpion.

Der „Kriegsgott Mars" gibt sich in der Kombination mit Steinbock also einmal sehr hilfreich. Ganz besonders sogar, wenn seine mobilisierenden Einflüsse mit der Leutseligkeit des Jupiters eine Symbiose eingehen. Das ist der Fall, wenn Mars im Zeichen Schütze steht.
Einen solchen Chef wünscht man sich.

Wassermann
Der Zukunftsfreak

(21. I. bis 19. II.)

Alle lassen die Köpfe hängen und jeder hat seine Erklärung dafür, daß nichts mehr laufen will: Die Löhne sind zu hoch, Überkapazitäten drücken auf die Preise, die Handelspartner schotten sich ab, unterm Strich haben die Japaner eben die günstigere Ausgangslage ... Warum nun sind Voigtländer und Rollei und jetzt auch die verträumte Agfa weg vom Fenster? Im Videosturm hielt immer noch der Stier (-geborene) Max Grundig seine Fahne hoch. Jetzt zeigt er die weiße Flagge. Kapitulation? Der Autoexport läuft ja noch, aber der Binnenmarkt? Nun haben uns die Franzosen vorgemacht, wie man schnelle Züge ins Rollen bringt. Bald werden sie uns wohl zeigen, wie man den Schnellzug TGV exportieren kann. Bei uns würde ja auch jede Streckenbegradigung zur Startbahn West der Bundesbahn, sagen die Experten. Also auch da scheint der Zug schon abgefahren.

Da hat es wohl zuwenig Wassermänner an entscheidenden Positionen gegeben, als in der Vergangenheit die Zukunft geplant wurde. Nun ist sie da und den Wassermännern in der Wirtschaft müßte es doch schon lange in den Fingern jucken, mal das altdeutsche Mobiliar aus den Chefzimmern zu räumen, oder? Denn wenn es um die Zukunft geht, da sind sie Experten. Nur der Umgang mit diesen Zukunftsfreaks gestaltet sich nicht immer ganz so einfach.

Aufmüpfiger Reformer

Als ein Berliner Verleger einen seiner Redakteure bat, doch bitte pünktlich zu erscheinen und die Bürozeit als Anwesenheitszeit zu betrachten, erhielt er zur Antwort: „Mein Herr, Sie haben meinen Kopf engagiert, nicht mein Gesäß!"
Das könnte ein Wassermann gewesen sein. Der haßt nämlich jede Art von Begrenzung und Einengung seiner persönlichen Freiheiten; ein Beruf, für den Präsenz zwischen acht und siebzehn Uhr unerläßlich ist, wird nichts für ihn sein. So etwas treibt ihn schließlich in die Aufmüpfigkeit.

Er hat nämlich Visionen. Er will reformieren. Und bislang gibt es für solche schillernde Gedanken noch keine Bürozeit. Man hat sie eben oder man hat sie nicht. Die Gedanken sind frei! Wer hätte schon je die Welt im Zeittakt der Stechuhr reformiert... Oh ja, Wassermänner sind Reformer! Sie denken ungern in eingefahrenen Bahnen.
Raum und Zeit, diese kleinen Nebensächlichkeiten des Kosmos, sind schlicht Faktoren, aber keine Größen. Vorurteile stören ihn ebenfalls nicht, denn Wassermänner sind gefeit gegen derart bürgerliche Selbstbeschränktheit.
Er liebt den freien Gedankenflug. Und dieser spirituelle Kundschafter soll ihm helfen, sein Werk zu tun: Er will eine bessere Welt bauen. Geistig, sozial, technisch.

Tradition – nein danke!

Eine bessere Welt kann für einen Wassermann nie eine restaurierte Welt sein, sondern eine gänzlich neue, auf völlig anderen Normen begründete. Tradition? Nein danke! Warum das so ist, möchte ich gleich erklären, aber einschieben muß ich vorab, daß wir hier „den" Wassermann betrachten, ohne die facettenreichen Einflüsse der Planeten. Warum also Zukunftsfreak und Traditionsmuffel:

Das Tierkreiszeichen Wassermann ist das Domizil des Planeten Uranus. Für die Astrologie ist es ein „junger" Planet, denn er wurde erst 1781 entdeckt. Dieser Trabant steht für die Moderne schlechthin. Für Reformen, aber auch für Revolutionen. Für umwälzende Technik, für völlig neue Denkweisen und theoretische Modelle. Uranus regt zu „grenzüberschreitendem" Denken an, aber nicht nur in der Technik. Er ist auch das Gestirn der Psychologen, Psychotherapeuten, der Futorologen – und der Astrologen, übrigens: Uranus ist der Planet der Raumfahrt und der Telekommunikation.
Steht dieser Planet zur Zeit der Geburt günstig zur Sonne, dürfte just ein Wassermännchen geboren sein, der sich zu einem technischen Genie entwickeln könnte, oder zu einer Kapazität auf einem der eben beschriebenen Gebiete.
Hermann Kahn, der Begründer des Hudson-Instituts für mittel- und langfristige Planung für Politik und Wirtschaft, hat sich als Wassermann sicherlich den richtigen Job ausgesucht. Für eventuelle Fehlprognosen dieser Institution

sind aber weder das Sternzeichen, der Uranus, noch die Astrologie als Ganzes zu belangen.

Da gibt es noch jemand, der sich so seine Gedanken über die Zukunft gemacht hat:
Robert Jungk. Der ist zwar Stier, aber mit Uranus in Wassermann, und das hat bei disponierten Tierkreiszeichen den selben Effekt wie die Geburt in diesem Zeichen. Doch bleiben wir beim Wassermann.

Entfernungen, kein Problem!

Die Welt wird immer kleiner. Richtig, aber nicht, weil sie auf dem Weg zum Schrumpfkopf ist, sondern weil wir in den letzten Jahrzehnten in immer perfektionierteren Verfahren Entfernungen zu überbrücken gelernt haben.

War Saturn der Planet von „Bau, Steine, Erden", so sollte für den Uranus, den Regenten im Hause Wassermann, eigentlich eine Neuordnung unserer Gewerkschaften vorgenommen werden. Astrologisch würde ich vorschlagen: „Tele-Kommunikation, Transport und Verkehr". Thomas Alva Edison war ein lupenreiner Wassermann. Wenn Sie übrigens einen Brockhaus in bequemlich erreichbarer Nähe haben, dann nehmen Sie ihn mal zur Hand und betrachten Sie die Unterschrift des Erfinders, die dort abgebildet ist. Auch für Graphologie-Unkundige wird der unglaublich raumgreifende Kopfstrich des „T" eine gute Illustration der astrologischen Charakterisierung des Wassermann sein. Diese Linie ist wie ein Brückenschlag von einem Gedanken, von einem Kontinent zum anderen.

Nun, diesen Brückenschlag von einem Kontinent zum andern besorgte der Wassermann Charles Lindbergh, und mit seinem Flug machte er den letzten Zweiflern klar, daß ein neues Verkehrs- und Transportmittel den Kinderschuhen entwachsen war.

Auch ein anderer Wassermann fing erst mal in der Luft an: Auguste Piccard. 1931 startete er zum ersten Ballonflug in die Stratosphäre. 1932 erreichte er dann 16 940 Meter und ließ es gut sein. Doch dann juckte es ihn ganz wassermännisch nach dem Gegenteil; jetzt wollte er in die Tiefe. 1953 startete er zum ersten Tauchversuch und erreichte 3150 Meter. Aber was ist das schon ... 1960 dann: 10 916 Meter, mit der „Trieste". Dann war er, glaube ich, zufrieden und vielleicht auch etwas gelangweilt, denn der Wassermann ist fasziniert von der Aufgabe, dem Plan, etwas Ungewöhnliches zu tun, Grenzen zu durchstoßen, das Unmögliche möglich zu machen. Ist das Ziel erreicht, ist meistens auch die Luft raus. Aber darauf kommen wir noch. Solange er aber sein Ziel vor Augen hat, und mag es noch so weit entfernt sein, hinter Bergen von Schwierigkeiten, wird der Wassermann ein besessener Arbeiter sein. Und führt wassermännische Originalität ein Werk erstmal auf die richtige Schiene, dürften auch für eine lange Zeit die Weichen richtig gestellt sein. Der Wassermann will Neuland betreten, und mit diesem Schritt hat ja schon so manche erfolgreiche Reise in die Zukunft begonnen.

Ging Lindbergh auf die Reise über den großen Teich und Piccard in die extremen Vertikalen, so blieb der Wassermann Hugo Junkers zwar mit beiden Beinen auf der Erde. Aber mit seinen Flugzeugen betrat er gleich mehrere Male technisches Neuland: Er erfand den Doppelkolbenmotor, das Nurflügelflugzeug, den ersten Tiefdecker und das erste Ganzmetallflugzeug. Daß sich Wassermänner partout nicht in ihrer Freiheit einschränken lassen wollen, brach ihm schließlich den Hals. Kurz vor seinem Tod wurde er von seiner braunen Kundschaft wegen Verweigerung der Kooperation enteignet.

Sein Traum von einer besseren Welt

Viele Wirtschaftsführer sahen den Modellen der Mitbestimmung mit äußerst gemischten Gefühlen entgegen. Einen Wassermann in der Chefetage dürften sie kaum geschreckt haben. Er war eigentlich schon immer der Meinung, daß es am besten wäre, wenn sich alle an der Arbeit Beteiligten an einen Tisch setzen sollten, um die anstehenden Probleme zu lösen.
Der klassische Wassermann geht nämlich davon aus, daß Menschen lernfähig und vernünftig sind. Wie schon erwähnt, hat er keine Vorurteile, auch keine sozialen. Da er auf seinem beruflichen Weg häufig das Ziel wechselt, hat er auch viele verschiedene Menschen und Milieus kennengelernt. Der stetige Aufstieg des Steinbocks liegt ihm nämlich nicht.

Neben seiner Liebe zur technischen Innovation ist der Drang zur sozialen Reform, ja zu einer grundsätzlich neuen und natürlich besseren Ordnung ein häufig anzutreffendes Merkmal des Wassermanns.

Einige Namen zur Illustration: Abraham Lincoln, Friedrich Ebert, Theodor Heuss, Antonio Segni, Albert Schweizer, Gotthold Ephraim Lessing. Daß Ludwig Erhard nicht einfach Wirtschaftspolitik machte, sondern „soziale" Marktwirtschaft, ist typisch Wassermann.

Zwei schöne Beispiele wassermännischer Tugenden möchte ich am früheren Chefmanager des Kölner Doms aufhängen. Kardinal Frings soziales Engagement führte zu einer Wortschöpfung in der Kölner Mundart. Er empfahl seinen Bürgern nämlich, die Kohlen, die nach dem Krieg als Reparationszahlung an den frierenden Kölnern vorbeirollten, einfach zu klauen. Die Kölner nannten das dann „fringsen" und hatten damit nicht nur ihre wärmespendenden „Klütten" im Sack, sondern auch die Absolution. Sie entsinnen sich:

Wassermänner lieben persönliche Freiheit und haben keine Vorurteile. Von einem Notar, der in Köln Angelegenheiten der Kirche regelt, erfuhr ich eine aufschlußreiche Begebenheit. Er selbst ist ein äußerst lebenslustiger Mann, der seine Geschäfte in unverfälschtem Kölsch abwickelt und auch gern ein „Pittermännchen" dabei anzapft. Da gab es zwei Notare, die für die Kirche arbeiteten. Er selbst, den Frings den „Frechen" nannte, und einen biederen Kollegen, der „der Brave" hieß. Frings war im Alter fast blind, und als man sich mal zu Tisch setzte, fragte er seinen Nachbarn, welcher der beiden Notare denn mit an den Tisch kommen würde, der freche oder der brave. „Der Freche, Eminenz." Und Frings seufzte erleichtert: „Na denn isses jut!"

Splendid Isolation

Wer nun aber glaubt, nach einem feuchtfröhlichen Abend einem Wassermann auf die Schulter klopfen zu können, irrt. So sozial engagiert der Wassermann auch sein mag; er hält auf Distanz. Und die braucht er, diese Splendid Isolation, in der er sich erholt, seine Kräfte sammeln kann. Bei aller Reserviertheit ist er Freunden ein guter Freund, Geiz und Kleinlichkeiten sind ihm fremd, Grausamkeiten verhaßt.

Der Wassermann als Manager: Ein Garant für eine dynamische, zukunftsorientierte Firmenpolitik, verbunden mit dem glücklichen Händchen zur Lösung sozialer Fragen? Wenn's so einfach wäre! Dieser Wassermann kann ein von ihm bisher gepriesenes Projekt auch plötzlich fallen lassen wie eine faule Kartoffel. Seine Begeisterung kann sich schlagartig einem neuen Ziel zuwenden. Und seine Originalität kann umschlagen in unerträgliche Exzentrik.

Besonders ungehalten wird er, wenn lange Sitzungen zu absolvieren sind. Das liegt nicht nur an seiner schnellen Auffassungsgabe und seinem wachen Geist, der ihn alles etwas schneller erfassen läßt, als seine Gesprächspartner, nein, da macht ihm sein labiler Kreislauf zu schaffen, der Venenstau in den Beinen, seine Krampfadern. Er steht dann schon mal auf und geht, ungeduldig mit den Beinen schlenkernd, durchs Zimmer. Halten Sie Konferenzen kurz!

Und im Übrigen hat er vielleicht schon ganz neue und andere Pläne im Kopf, die er in Zurückgezogenheit überdenken möchte. Ich wünschte ihm eine Sekretärin zur Seite, die im Sternzeichen Waage geboren ist.

Sie sorgt am besten für den notwendigen Ausgleich zwischen dem Alltagskram der Gegenwart und den Visionen dieses „Zukunftsfreaks".

Fische
Die Tagträumer

(20. II. bis 20. III.)

Wenn sich auf einer Party herausstellt, daß einige Fische anwesend sind, begrüßen und behandeln sie sich besonders herzlich und verständnisvoll. Ich möchte das mal die Solidarität der Underdogs nennen, eine innige Kumpanei von Geschmähten. Ich bin selber Fisch.
Aber noch etwas anderes fördert den fischinternen Freundlichkeitskult: Sie sind sich zwar ihrer Schwächen bewußt, wissen aber auch voneinander, daß sie niemand angreifen möchten und gewaltlos leben wollen. Und das halten sie alle und damit sich selbst für schlichtweg sympathisch.

Frühstücksdirektor

Nehmen wir an, die einzige Tochter eines Großunternehmers heiratet einen echten, unverfälschten „Fisch". Der junge Mann soll natürlich seinen Platz im Unternehmen bekommen. Wohin mit ihm?
Stellt das Unternehmen Beton-Fertigteile her, würde ich ihm eine Dependance auf Tahiti einrichten zum Studium der Statik polynesischer Fischerhütten. Dann ist er 20 000 Kilometer weit weg, kann im Unternehmen keinen Schaden anrichten und spart damit letztendlich Geld.

Wem dies zu exotisch ist, bietet sich ein anderer Ausweg: Wir machen den jungen Mann zum Frühstücksdirektor. Schließlich ist er freundlich, einfühlend jedem Geschäftsgast gegenüber, liebt gutes Essen und vor allem Trinken ... na also!

Oder hat das Unternehmen einen Werkschor? Soziale Betreuungseinrichtungen? Oder eine Abteilung für Werbung und Marktforschung? Eine Bild- und Filmstelle? Dann natürlich vereinfacht sich die Plazierung des Schwiegersohns erheblich, denn nun ließe sich tatsächlich eine „fischkonforme" Tätigkeit finden.
Beiläufig bemerkt: Junge, ambitionierte Herren, die im Zeichen Fische geboren sind, sollten nur in Unternehmen solcher Größe einheiraten, in denen ihnen solche Arbeitsgebiete auch zur Verfügung stehen.

Neptun, „der schöne Schein"

Nun aber ernsthaft: Was dem Fisch sowohl Freude als auch allerhand zu schaffen macht ist Neptun, der Beherrscher dieses Tierkreiszeichens. Neptun ist der Planet der Imagination, der Traumwelt, der Illusion, von Verschwommenheit und schließlich Täuschung.
Neptun herrscht auf den Brettern, die die Welt bedeuten und über dem Zelluloid der Filmindustrie. Sehr viele Regisseure und Schauspieler sind im Zeichen Fische geboren: Pallenberg, Rühmann, die Leander, Marlon Brando, die Taylor, Viktor de Kowa, die Weiser, Raddatz und Michele Morgan, die Flickenschild und viele andere. Bretter, die die Welt bedeuten, die also nicht wirklich die Welt sind, eine Scheinwelt, die gleichwohl das verarbeitete Abbild dieser Welt liefert. Neptun, das ist der Planet „des schönen Scheins", und für den echten Fisch, den Künstler, genügt das artistisch gestaltete Abbild allemal – die Welt, die sich von Alltag zu Alltag schleppt, stört ihn eher.

Stört ihn zum Beispiel bei seiner Lieblingsbeschäftigung, dem Träumen.

Sie müßte einmal nur für einige Stunden sichtbar werden, die Welt, erträumt von den Millionen Fischen, die abwesenden Blickes, den Kugelschreiber und eine Akte zur Camouflage vor sich auf dem Schreibtisch, dem Befehl ihres Neptuns folgend aus der Realität ausgestiegen sind. Diese erträumte Welt ist sicher eine schöne Welt, edler, harmonischer, einfach besser als das, was wir jeden Tag vor uns sehen.

Wenn eine starke Phantasie den Menschen befähigen könnte, Isolation besser zu ertragen, dann müßten Fische eigentlich die zufriedensten Strafgefangenen sein. In ihren Köpfen sind sie immer frei.

Karl May war sogar ein schöpferischer Insasse einer geschlossenen Anstalt. Was er erträumt hatte, wurde spätestens dann zur Realität, als er beerdigt wurde; da erwies ihm eine Abordnung nordamerikanischer Indianer die letzte Ehre. Waren Old Shatterhand und Winnetou nun wirkliche oder nur erdachte Freunde? Dem Fisch ist es gleich viel.

Geschlossene Gesellschaft

Die Liebe des Fisches zum Wasser, zum Meer und zur See ist ausgeprägt. Großadmiral Tirpitz war Fisch, wenngleich sich seine fischetypischen Träumereien um eine Flotte drehten, die alles andere als harmonisierend gewirkt hat. In der Literatur wird betont, daß „der Fisch sich über die Konsequenzen seiner Handlungen nicht immer im Klaren ist". Nun, vielleicht war für Tirpitz die Marine die ihm zugedachte „geschlossene Gesellschaft".

Alle Astrologen betonen nämlich ihre Erfahrung, daß es die Fischegeborenen in abgeschlossenen Anstalten und Institutionen zieht. Berufe, die in solchen Häusern zu Hause sind, wären also: Ärzte und Pflegepersonal in Krankenhäusern, Berufe in Internaten, Sozialberufe, aber auch Tätigkeiten in religiösen Einrichtungen und Institutionen. Das kommt den Fischen insofern entgegen, als sie einen Hang zur Verinnerlichung und Religion zeigen, sich auch um Sekten und Geheimlehren bemühen und überhaupt allem Okkulten mit großer Neugierde gegenüberstehen.

Da sich der Fisch allem, was ihm am Herzen liegt, mit großer Hingabe widmet, ist er auch bereit, sich für andere aufzuopfern, wenn diese Glücklichen es erst geschafft haben, die Liebe dieses empfindlichen Mimöschens zu erringen. Der Fisch ist gastfreundlich und offen. Aber eigentlich braucht er immer einen starken Partner, an den er sich anlehnen kann, während er seinem Altruismus frönt. Dieser Partner kann auch die Firma sein.
Sofern ihm nicht geeignete Planeten das nötige Korsett liefern oder mit der notwendigen Realitätsbezogenheit ausstatten, wird der im Zeichen Fische Geborene jedoch eine ausführende Tätigkeit der einer Führungsposition vorziehen.

Aber wo bleiben die Stiere und Widder ohne loyale und einfühlsame Mitarbeiter, die die von diesen Cholerikern geschlagenen Wellen nicht wieder glätten würden?
Fische sind um Ausgleich bemüht. Harten Auseinandersetzungen gehen sie aus dem Weg.

Dennoch: Fische haben eine gute Chance, mit dem Pfund ihrer Imaginationskraft wuchern zu können. Sie brauchen dazu allerdings die Hilfe von Planeten, die ihre Phantasie nicht stören, ihnen aber den Zugang zu dem verschaffen, „was Sache ist".

Fisch – glasfaserverstärkt

Mal ganz technisch: Der unverfälschte Fisch ist vergleichbar mit thermoplastischem Kunststoff. Er ist leicht formbar, anpassungsfähig, paßt in jedes Design. Allerdings wünscht man sich von diesen Werkstoffen aus der Retorte eine größere Stabilität gegenüber Schlagbelastungen und anderen Rauheiten des täglichen Gebrauchs. So gibt man ihnen ein Metallgerüst oder mischt Glasfasern ein, und das verstärkt dann den Thermoplasten ganz erheblich.
Wir Fische brauchen in gleicher Weise ein stützendes Korsett. Und wir brauchen einen dynamischen Muntermacher, ein Treibmittel, das uns aus unserer gestaltungsunwilligen Verträumtheit herauspusht. Dann aber werden Intuition und Imaginationskraft der Fische zu schöpferischen Quellen. Dann träumen sie zielgerichtet und verwertbar, sozusagen.

Merkur, der Planet des Intellekts, klärt die Gedanken, wenn er im Zeichen Wassermann steht. Denselben Effekt hat ein merkurischer Aszendent, z.B. Zwillinge. Und Mars, vielleicht erinnern Sie sich, macht mobil. Auch hier. Ein Widderaszendent verleiht dem altruistischen Fisch die notwendige egoistische Trotzhaltung, mal das durchzusetzen, was man sich erträumt.
In der Art, sich zu geben, wird ein solcher Fisch dann völlig anders erscheinen, als man es erwartet: Gefestigt oder dynamisch, kämpferisch und risikofreudig sogar, alles Eigenschaften, die nicht gerade typisch sind für Fische. Durch solche Stützen und Treibsätze erwächst dem Fisch allerdings nicht nur Vorteilhaftes. Schließlich ist das ja eine Vergewaltigung des ihm zugedachten Sonnenprinzips, eben jenen Charakterbildes „des Fisches" in unverfälschter Form, und damit als irritierend empfundene Kräfte.

So werden dynamische Fische immer wieder von Selbstzweifeln und Unsicherheiten geplagt und finden in ihrer Rolle als „Macher", die ihnen durch den Widder zugespielt wird, nie vollständige Befriedigung. Oft suchen sich solche Menschen venusgeprägte Partner, die dann gewissermaßen stellvertretend für die selbst das ausleben, was auf der Strecke bleibt: Den Hang zur Kunst zum Beispiel oder ausgleichenden Einfluß, Zärtlichkeit und Behutsamkeit. Na und auf jeden Fall die Bewältigung lästiger, kleiner Alltagsproblemchen.
Den Fischen ist ein Schicksal auferlegt, dem sie kaum entrinnen können: Sie erreichen ziemlich früh das Stadium der

„Altersweisheit", und zunehmend wird danach Träumerei zum Grübeln, Brüten. Depressionen sind häufig anzutreffen. Da sie im allgemeinen „einer Sache gedient" haben, sich einem Menschen, einer Idee oder Institution untergeordnet hatten, die sie als wertvoll und unterstützungswürdig empfanden, fühlen sie sich nun häufig getäuscht und ausgenutzt. Ein grausiges Beispiel ist Adolf Eichmann, der treue Diener seines Herrn. Ein Fisch läßt sich oft einbinden in Dinge, deren Tragweite er nicht übersieht. Er ist immer in Gefahr, manipulierbares Werkzeug zu sein – oder sich am Ende des Lebens als solches zu empfinden.

Am Ende desillusioniert

Diesem Schicksal entging auch nicht der Größte der in diesem Zeichen geborenen: Albert Einstein.
Wie das: Der Fisch als verträumtes, eher verwaschenes Wesen, und dann dieses geistesblitzende Genie? Besehen wir uns diesen außergewöhnlichen Menschen aus der Sicht der Astrologie etwas näher.
Einstein hatte in seinem Horoskop den sogenannten „Weisheitsaspekt" (durch Neptun und Uranus bei idealem Sonnenstand im zehnten Haus) und durch die Merkur-Saturn-Konjunktion die, wie sie in der Astrologie genannt wird, typische „Mathematiker-Konstellation".
Vielleicht entsinnen Sie sich dessen, was ich beim letzten Mal über den Uranus geschrieben habe. Dieser Planet steht für Umbruch, neue Denkweisen, für die Zukunft. In der bril-

lanten Verbindung mit Neptun erwächst dem Fisch die Fähigkeit, gleichermaßen intuitiv wie glasklar spekulativ zu denken.
Interessant für mich war das Resultat einer Studie aus den USA, in der versucht wurde, das Phänomen des Genialen zu erklären. Dachte man bisher an eine überragende Schulung rationalen Denkens, oder sogar an „positive Anomalien" des Gehirns, das diese Menschen befähigte, weit über das hinauszudenken, was für intelligente Kollegen bisher möglich war, so verblüffte die Studie mit folgendem Schluß: Es müsse angenommen werden, daß es so etwas wie eine „naturwissenschaftliche Vision" gebe, daß Antworten auf naturwissenschaftliche Fragen auch intuitiv gefunden werden könnten. Kékulé hat ja berichtet, daß er den Benzolring nicht eigentlich erdacht oder konstruiert hätte; er wäre ihm im Wasser des Kanals bei der Überfahrt nach England erschienen, fast im Halbschlaf hätte er ihn plötzlich gesehen.

Antonia Vallentin beschreibt eine Gesellschaft mit Albert Einstein so:
„Er hat selbst einen Satz gesprochen oder hört der Unterhaltung aufmerksam zu. Ganz plötzlich schweigt er, hört auch nicht mehr zu.
Man kann nicht mehr an ihn heran. Man könnte einen Höllenlärm machen oder es könnten sich in ihrer noch viel peinlicheren Stille alle Augen auf ihn heften – er hört und sieht nichts ...
Seine schweren, violett getönten Augenlider mögen sich gesenkt haben oder seine Augen mögen noch weit offen

stehen, aber so schwarz und glanzlos wie die eines Blinden. Er wird vielleicht sehr lang abwesend sein, oder die Tür wird sich schnell wieder öffnen, als sei er nur aus Versehen hinausgegangen ..."

Einstein selbst sagte: „In einem gewissen Sinne halte ich es für wahr, daß dem reinen Denken das Erfassen des Wirklichen möglich sei, wie es die Alten geträumt haben."
Und: „Die Entwicklung unserer Gedankenwelt ist in gewissem Sinne eine beständige Flucht aus dem Wunder."
Da hatten Uranus und Neptun ein starkes Bündnis geschlossen. Der fischetypischen Desillusionierung im Alter ist auch er nicht entgangen. Auch er fühlte sich schließlich ausgenutzt. Religion erklärte der altruistische Fisch dann so: „Das Wesen der Religion ist für mich die Fähigkeit, sich in die Haut des andern zu versetzen, sich mit ihm zu freuen und mit ihm zu leiden."
„Gott ist raffiniert, aber er ist nicht boshaft!"

Noch einmal: Der Herrscher im Zeichen Fische ist Neptun, der Wassergott.
So fühlen sich Fische in einem verträumt-verschwommenen Zustand am wohlsten.
Wird die reale Welt als zu hart empfunden, helfen hochprozentige Wässerchen, diesen Zustand herbeizuführen.
Dann steht der Fisch nicht mehr ganz so fest auf den Füßen, die ohnehin sein kosmobiologischer Schwachpunkt sind.

Anhang

Widder

Wer wissen möchte, warum er gerne „streithanselt":
Sowohl Sonne wie Mars standen im Zeichen Widder in den Jahren

    1917 und 1919
    1932, 2. und 3. Dekade
    1934
    1936, 1. Dekade
    1947, 3. Dekade
    1949 und 1951.

Nun legen etliche Widder ja auch ein gesundes Durchsetzungsvermögen an den Tag, bzw. beweisen sich als „faire Kämpfer". Das wiederum verdanken sie dem positiven Einfluß eines Schützen- oder Löwenmars.

Mars stand im Zeichen Schütze in den Jahren:

    1922, 1937 und 1954.

Er stand im Zeichen Löwe:
    1916, 1931 für die 2. u. 3. Dekade
    1948 und 1963.

Ein merkurisches Zeichen als Aszendent, also Zwillinge oder Jungfrau, verhilft dem Widder zu kritisch-distanzierter Vernunft und macht ihn umgänglicher.

Das Zeichen Zwilling steigt auf für einen Widdergeborenen mit der Geburtszeit:

        1. Dekade   8 Uhr 30   bis 10 Uhr
        2. Dekade   8 Uhr   bis 9 Uhr
        3. Dekade   7 Uhr 30   bis 8 Uhr 30

Das Zeichen Jungfrau steigt auf:

        1. Dekade   15 Uhr 30   bis 18 Uhr
        2. Dekade   15 Uhr   bis 17 Uhr
        3. Dekade   14 Uhr 30   bis 16 Uhr 30

Der Planet Merkur selbst wirkt sich wohltuend aus als Morgenstern. Dann steht er im Zeichen Fische, und Sie erinnern sich vielleicht, daß ein Einfluß dieses Zeichens alles andere als kämpferisch macht.

Wenn Merkur als Abendstern am Himmel steht (im Zeichen Stier), ist der Einfluß ebenfalls mildernd, nämlich von der Herrscherin dieses Zeichens, der Venus, geprägt.
(Merkurkonstellationen sind nur dem individuellen Horoskop zu entnehmen.)

Aber wehe, Merkur steht in der Nähe der Sonne im Zeichen Widder. Da mischt sich Mut und Tatendrang mit Leidenschaft und Voreiligkeit, verschärft durch Diskussions- und Kritiklust.
Dieser Widder weiß gut zu formulieren, ist schlagfertig und allzeit gesprächsbereit.
Manch Gegner bleibt dann als Opfer einer verbalen Schlacht auf der Strecke.

Stier

Ein positiver Uranus hat, wie schon erwähnt, einen guten Einfluß auf den Stier. Dieser Planet des Neuen, des Umbruchs und des Fortschritts bewirkt beim konservativen Stier eine offenere Haltung und mehr Toleranz den modernen Entwicklungen gegenüber. Unter Uranus-Einfluß ist der Stier eher geneigt, sich aus seiner Zurückgezogenheit zu lösen und sich mit Interesse seiner Umwelt zuzuwenden.
Positive uranische Einflüsse hatten alle Stiere, die in folgenden Zeiträumen geboren wurden:

> 12. 05.–21. 05. 1911
> 14. 05.–20. 05. 1912
> 21. 04.–05. 05. 1921
> 23. 04.–09. 05. 1922
> 26. 04.–13. 05. 1923
> 01. 05.–17. 05. 1924
> 05. 05.–21. 05. 1925
> 09. 05.–21. 05. 1926
> 16. 05.–21. 05. 1927
> 21. 04.–29. 04. 1950
> 21. 04.–07. 05. 1951
> 21. 04.–05. 05. 1952
> 25. 04.–11. 05. 1953
> 30. 04.–17. 05. 1954
> 06. 05.–21. 05. 1955
> 09. 05.–21. 05. 1956
> 15. 05.–21. 05. 1956

Der Planet Mars hilft nicht nur den Queens und den Frauen, sondern natürlich auch den männlichen Stieren, indem er ihre Entschlossenheit aktiviert.

Das gilt nun für alle Stiere, die um den Sonnenaufgang geboren wurden – dann ist das Zeichen Widder der Aszendent und in Widder herrscht der Mars.

Er ist aber auch Chef im Zeichen Skorpion. Skorpion steigt auf für alle Stiere, die bei Sonnenuntergang geboren wurden.

Steht Mars selbst im Zeichen Widder oder Skorpion, ist seine Kraft ganz besonders einflußreich. Einen so plazierten Mars haben die Stiere mit folgenden Geburtszeiten in ihrem Horoskop:

> 1915
> 1917 / 21. 04.–04. 05.
> 1930
> 1932/21. 04.–15. 05.
> 1945 / 03. 05.–21. 05.
> 1947
> 1949 / 21. 04.–30. 04.
> 1952
> 1962

1952 stand der Mars im Zeichen Skorpion. Dieser Stand ist nicht unproblematisch. Er krempelt den an sich gemütvollen, ruhigen Stier völlig um und treibt ihn nicht nur in ganz stierfremden Ehrgeiz und Arbeitseifer, er kann ihn auch herrschsüchtig und eigensinnig machen. Solche Stiere brüllen sich „heiser in der Wut". Wie gesagt: der Hals ist die kosmobiologische Entsprechung des Stiers.

Zwillinge

Zwillinge, die durch die Stetigkeit und Konsequenz des Saturns Stabilität durch den Aszendent erfahren, sind solche, die in unseren Breiten in der Zeit des späten Abends bis Mitternacht geboren sind. Dann geht das Sternzeichen Steinbock am Osthimmel auf, das Domizil des Saturns.
Saturn selbst steht günstig für alle Zwillinge, die in den folgenden Zeiträumen geboren sind:

22.05.–07.06.1918
1931
22.05.–01.06.1932
29.05.–01.06.1933
10.06.–22.06.1934
22.05.–31.05.1937
27.05.–13.06.1938
09.06.–22.06.1939
22.05.–02.06.1947
29.05.–15.06.1948
22.05.–04.06.1952
01.06.–17.06.1953
1959
1960
22.05.–09.06.1962
05.06.–21.06.1963

Gründlichkeit, Logik, Konzentration und weitere stabilisierende Eigenschaften sichern den beruflichen Aufstieg, verlangsamen ihn allerdings auch.
Saturn baut, Sie erinnern sich, nicht auf Sand.

Das Sternzeichen Zwillinge steht für Artikulation und Kommunikation.
In den Jahren 1884–1914 stand Pluto in diesem Tierkreiszeichen. Der Planet Pluto hat Bezug zu „Macht und Masse". Seit jener Zeit ist Kommunikation im großen Stil technisch möglich. Immer mehr Menschen wurden durch sie erreichbar, und bald erkannte man, daß über diese Medien Macht ausgeübt werden konnte.

Krebs

Im Horoskop der Krebsgeborenen steht Mars im Zeichen Widder für folgende Jahrgänge:

    1911
    1926
    1943, bis zum 07.07.
    1958

im Zeichen Krebs:

    1921
    1923
    1936
    1938
    1953
    1955
    1968
    1970

im Zeichen Löwe:

    1910
    1912
    1925
    1927
    1929, bis zum 03.07.
    1942
    1944
    1957
    1959
    1972

im Zeichen Skorpion:

    1937

im Zeichen Schütze:

    1922
    1969

„Marsisches", bzw. die Fähigkeit, aus der krebstypischen Introversion herauszukommen gibt ebenfalls das aufsteigende Zeichen in der Geburtsstunde – der Aszendent.
Der Aszendent Löwe (Geburtszeit nach Sonnenaufgang) macht den Krebs selbstbewußter, läßt ihn überzeugend auftreten und verleiht einen gewinnenden Charme.
Dieses Sonnenzeichen kaschiert den, allen Krebsen eigenen, mehr oder weniger starken Pessimismus.

    Durch das Zeichen Skorpion am Aszendenten (Geburtszeit nachmittags, dem jeweiligen Breitengrad entsprechend), erhält der Krebs mehr Dynamik und Durchschlagskraft. Dann entwickelt er „interkontinentale Sehnsüchte" und ist nicht mehr so heim- und hausgebunden.
Ein Paradechef für die Auslandsabteilung, für Speditionen, Verkehrs- und Transportsysteme.
Aber wie immer auch der „reinrassige" Krebs durch Aszendenten- oder Planeteneinflüsse verändert wird – er bleibt letztlich doch ein Krebs.

Löwe

Sie haben gelesen, daß das Zeichen Löwe das „königliche Zeichen" ist. Nun gibt es in der Astrologie darüber hinaus auch den „königlichen Aspekt" – das Trigon von Sonne zu Jupiter. Wenn beides zusammentrifft, ein Löwe also bei einem Jupiterstand in Widder oder gar in Schütze geboren wird, haben wir einen Menschen vor uns, dessen Generosität und Expansionsdrang einmalig ist.
Der Planet stand im Zeichen Widder im Trigon zur Löwensonne vom:

24. 07.–06. 08. 1927
24. 07.–12. 03. 1939
28. 07.–17. 08. 1951
02. 08.–23. 08. 1963

Im Zeichen Schütze vom:

23. 07.–04. 08. 1900
23. 07.–08. 08. 1912
24. 07.–13. 08. 1924
28. 07.–18. 08. 1936
02. 08.–23. 08. 1948
06. 08.–23. 08. 1960

Ebenfalls ist der Jupiter in der Nähe der Sonne, im Zeichen Löwe also, eine Garantie für Erfolg, falls nicht belastende und hemmende Aspekte anderer Planeten hinzukommen.
Jupiter stand im Zeichen Löwe in Konjunktion mit der Sonne vom:

04. 08.–23. 08. 1908
02. + 03. 08. 1919
08. 08.–22. 08. 1920
24. 07.–08. 08. 1931

24. 07.–12. 08. 1943
24. 07.–23. 08. 1955
25. 07.–23. 08. 1967

Aber auch ein Sextil-Aspekt von Jupiter zur Sonne aus den Zeichen Zwillinge und Waage ist eine Hilfe um löwetypisches zu verwirklichen. Jupiter stand im Zeichen Zwillinge vom:

24. 07.–04. 08. 1905
23. 07.–09. 08. 1917
23. 07.–14. 08. 1929
28. 07.–17. 08. 1941
02. 08.–23. 08. 1953
08. 08.–23. 08. 1965

im Zeichen Waage vom:

24. 07.–14. 08. 1910
27. 07.–19. 08. 1922
01. 08.–23. 08. 1934
06. 08.–23. 08. 1946
10. 08.–23. 08. 1958

Durch den Aszendenten Krebs wird ein Löwe weicher und einfühlsamer. Das Zeichen Krebs steigt auf für alle Löwen, die ein bis zwei Stunden vor Sonnenaufgang geboren sind.
Der Einfluß der Jungfrau durch den Aszendenten, der bekanntlich kritischer und möglicherweise auch pedantischer macht, ist vorhanden bei, stellt sich ein bei der Geburtszeit bis zwei Stunden nach Sonnenaufgang. Das im allgemeinen anerkennend gemeinte „Gut gebrüllt, Löwe!" wird dann in der Firma etwas seltener zu hören sein.

Jungfrau

Die Grundhaltung der Jungfrau ist, wie wir gesehen haben, kritisch analytisch, planend, detailorientiert.

Ein expansives Verhalten bringt ein gutgestellter Jupiter. Steht Jupiter im Horoskop einer Jungfrau im Zeichen Stier, im Trigon zur Sonne, ist mit mehr Großzügigkeit und Freigiebigkeit zu rechnen. Aus dem Zeichen Steinbock vermittelt dieser Planet Führereigenschaften, die einer Jungfrau ja nicht von vorn herein in die Wiege gelegt wurden.

Jupiter stand im Zeichen Stier in positiver Verbindung mit der Jungfrau-Sonne vom:

> 23.08.–07.09.1916
> 24.08.–12.09.1928
> 29.08.–18.09.1940
> 03.09.–23.09.1952
> 09.09.–23.09.1964
>
> im Zeichen Steinbock vom:
>
> 23.08.–05.09.1901
> 23.08.–10.09.1913
> 26.08.–15.09.1925
> 01.09.–21.09.1937
> 05.09.–23.09.1949
> 10.09.–20.09.1961

Steht der Jupiter im Horoskop im Zeichen Skorpion, im Sextil zur Jungfrau-Sonne, verbindet sich Expansion mit Aktivität und einem Schuß Aggressivität.

Jupiter stand in Skorpion vom:

> 23. 08.–15. 09. 1911
> 27. 08.–15. 09. 1923
> 01. 09.–23. 09. 1935
> 05. 09.–23. 09. 1947
> 09. 09.–23. 09. 1959

Unter diesem Einfluß wird selbst eine Jungfrau hin und wieder zum Berserker.
Eher aber noch, wenn bei der Geburt der Mars im Zeichen Skorpion stand.
Mars stand in Skorpion im Sextil zur Jungfrau-Sonne vom:

> 24. 08.–23. 09. 1903
> 24. 08.–23. 09. 1918
> 27. 08.–21. 09. 1933
> 07. 09.–16. 09. 1950
> 24. 08.–23. 09. 1965

Dann entwickelt die sonst so zurückhaltende Jungfrau plötzlich eine ausgeprägte Herrschsucht und versteht es auch, verbale Attacken zu reiten.

Waage

Damit den Waagen der Ärger also nicht an die Nieren geht, ihrem schwächsten Organ, müssen sie lernen, mit Aggressionen umzugehen; sowohl mit fremden, die sich gegen sie richten als auch mit den eigenen. Besonders betroffen sind hier Waage-Geborene, die sowohl die Sonne wie den Mars in diesem Zeichen haben.

Dies gilt für folgende Jahrgänge:

    1908 10.10.–23.10.
    1910
    1912 23.09.–16.10.
    1925 29.09.–23.10.
    1927
    1929 23.09.–05.10.
    1940 06.10.–23.10.
    1942
    1944 23.09.–13.10.
    1955 13.10.–24.10.
    1957
    1959
    1961 23.09.–01.10.

Steht der Mars im Zeichen Zwillinge – dies ist eine Konstellation, die zu scharfer treffender Kritik befähigt, so kann sich das als Regulativ auswirken. Die Ausgleichsbestrebungen werden auf ein normales Maß reduziert. Man kann sich verbal Luft schaffen. Der Mars stand in Zwilling für alle Waagen der Jahre:

        1911
        1928 23. 09.–02. 10.
        1943
        1958

Die sogenannte „Gandhi-Konstellation", also Sonne in Waage und Mars in Skorpion, trifft für folgende Geburtszeiten zu:

        1914 19. 09.–23. 10.
        1916
        1918 23. 09.–30. 09.
        1929 06. 10.–23. 10.
        1931
        1933 23. 09.–09. 10.
        1946
        1948 23. 09.–17. 10.
        1961 02. 10.–23. 10.
        1963
        1965 23. 09.–05. 10.

Im Artikel erwähnte ich Carl Duisberg, der u.a. durch die Fixsterne Spica und Arkturus begünstigt war. Die Sonne in der Nähe dieser beiden Erfolgsbringer haben alle Waage-Geborenen vom 16.–18. Oktober.

Skorpion

Was der Skorpion braucht, sind nicht muntermachende und dynamisierende Konstellationen, diese sind ihm ja vom Sonnenstand her in die Wiege gelegt. Er braucht Planeteneinflüsse die beruhigen und ausgleichen. Ich nenne sie die „Baldriankonstellation". Zum Beispiel macht ein gut gestellter Jupiter im harmonischen Aspekt zur Skorpion-Sonne generöser und jovialer.
Jupiter stand im Zeichen Steinbock, im Sextil zur Skorpion-Sonne:

>   1913
>   1925, für die 2. Dekade
>   1937, für die 3. Dekade
>   1949, für die 3. Dekade
>   1960, für die 1. Dekade

im Zeichen Fische, im Trigon zur Skorpion-Sonne:

>   1915, für die 2. und 3. Dekade
>   1927, für die 3. Dekade
>   1939, für die 3. Dekade
>   1962, für die 1. Dekade

im Zeichen Krebs, im Trigon zur Skorpion-Sonne:

>   1918, für die 2. Dekade
>   1930, für die 2. + 3. Dekade
>   1942, für die 3. Dekade
>   1954, für die 3. Dekade
>   1965, für die 1. Dekade

im Zeichen Jungfrau, im Sextil zur Skorpion-Sonne:

>1920, für die 2. Dekade
>1932, für die 2. Dekade
>1944, für die 2. + 3. Dekade
>1956, für die 3. Dekade
>1967, für die 1. Dekade
>1968, für die 2. Dekade.

Jupiter in der Nähe der Sonne im Zeichen Skorpion ist zwar eine sehr erfolgversprechende Konstellation, aber alles andere als kosmischer Baldrian:

>1911, für die 3. Dekade
>1923, für die 2. + 3. Dekade
>1934, für die 1. Dekade
>1946, für die 1. + 2. Dekade
>1958, für die 1. + 2. Dekade
>1970

Venus, im weitesten Sinne Liebe, Kunst, Schönheitssinn und Verbindlichkeit symbolisierend, wirft auch auf den Skorpion ihr „liebliches Licht".

Skorpion

Aus dem Nachbarzeichen Waage macht er diplomatischer, aus Schütze wird geistigen Werten größere Bedeutung zugemessen.
Nachfolgende Skorpione haben die Venus im Zeichen Waage:

        1909, 24. 10.–07. 11.
        1913, 24. 10.–14. 11.
        1916, 04. 11.–23. 11.
        1919, 10. 11.–23. 11.
        1921, 24. 10.–13. 11.
        1924, 03. 11.–23. 11.
        1927, 10. 11.–23. 11.
        1929, 24. 10.–13. 11.
        1932, 03. 11.–22. 11.
        1935, 10. 11.–23. 11.
        1937, 24. 10.–12. 11.
        1940, 02. 11.–23. 11.
        1942, 25. 10.–07. 11.
        1943, 10. 11.–23. 11.
        1945, 24. 10.–12. 11.
        1948, 02. 11.–22. 11.
        1950, 24. 10.–28. 10.
        1951, 10. 11.–23. 11.
        1953, 24. 10.–11. 11.
        1956, 01. 11.–23. 11.
        1958, 24. 10.–27. 10.
        1959, 10. 11.–23. 11.
        1961, 24. 10.–11. 11.
        1964, 01. 11.–22. 11.

Nachfolgende Skorpione haben die Venus im Zeichen Schütze:

        1912, 25.10.–19.11.
        1914
        1915, 09.11.–23.11.
        1917, 24.10.–07.11.
        1920, 24.10.–18.11.
        1922
        1923, 09.11.–23.11.
        1925, 24.10.–06.11.
        1928, 24.10.–17.11.
        1930, 25.10.–21.11.
        1931, 08.11.–23.11.
        1933, 24.10.–06.11.
        1936, 24.10.–10.11.
        1938, 24.10.–15.11.
        1939, 08.11.–23.11.
        1941, 24.10.–16.11.
        1946, 24.10.–08.11.
        1947, 07.11.–23.11.
        1949, 24.10.–06.11.
        1952, 24.10.–16.11.
        1955, 07.11.–24.11.
        1957, 24.10.–06.11.
        1960, 24.10.–15.11.
        1963, 06.11.–23.11.
        1965, 24.10.–06.11.

    1984 werden Mars, Saturn und Pluto das Zeichen Skorpion durchlaufen – ein besonderer Grund, skorpionisches unter Kontrolle zu halten.

Schütze

Der reine Schützetyp ist in Gefahr, übers Ziel hinauszuschießen. Durch den Einfluß einiger Planeten wird er ruhiger, kritischer und nüchterner. Einer solcher Einflüsse kommt von Merkur im Zeichen Steinbock.
Der wirkt sich günstig aus bei den Schützen folgender Geburtsjahre:

        1911, 04. 12.–23. 12.
        1916, 13. 12.–22. 12.
        1917, 06. 12.–22. 12.
        1918, 02. 12.–15. 12.
        1922, 18. 12.–22. 12.
        1923, 11. 12.–22. 12.
        1924, 03. 12.–22. 12.
        1927, 24. 11.–09. 12.
        1929, 14. 12.–22. 12.
        1930, 07. 12.–22. 12.
        1931, 02. 12.–20. 12.
        1936, 11. 12.–22. 12.
        1937, 04. 12.–22. 12.
        1942, 15. 12.–22. 12.
        1943, 09. 12.–22. 12.
        1944, 02. 12.–21. 12.
        1949, 12. 12.–22. 12.
        1950, 05. 12.–22. 12.
        1956, 09. 12.–21. 12.
        1957, 03. 12.–22. 12.
        1962, 13. 12.–22. 12.
        1963, 07. 12.–22. 12.
        1964, 01. 12.–16. 12.

Merkur in Skorpion macht einen Schützen skeptischer und damit vorsichtiger.
Allerdings entwickeln sie dann im Umgang mit Menschen einen erheblichen Sarkasmus.
Dies trifft zu für folgende Geburtsjahre:

> 1913, 23. 11.–13. 12.
> 1914, 23. 11.–08. 12.
> 1915, 23. 11.–01. 12.
> 1920, 23. 11.–11. 12.
> 1921, 23. 11.–05. 12.
> 1922, 24. 11.–28. 11.
> 1926, 29. 11.–13. 12.
> 1928, 23. 11.–01. 12.
> 1933, 23. 11.–12. 12.
> 1934, 23. 11.–06. 12.
> 1940, 23. 11.–09. 12.
> 1941, 23. 11.–01. 12.
> 1946, 23. 11.–12. 12.
> 1947, 24. 11.–07. 12.
> 1953, 23. 11.–10. 12.
> 1954, 23. 11.–04. 12.
> 1955, 23. 11.–27. 11.
> 1959, 26. 11.–13. 12.
> 1960, 23. 11.–07. 12.
> 1961, 23. 11.–30. 12.
> 1966, 23. 11.–11. 12.

Schütze

Wie bei allen Tierkreiszeichen ist der beste Stabilisator Saturn, vorausgesetzt, er steht positiv zur Sonne. Für Schützen ergab sich diese Konstellation in den Geburtsjahren:

1916, 23. 11.–02. 12.
1917
1918, 11. 12.–22. 12.
1921, 23. 11.–09. 12.
1922, 30. 11.–22. 12.
1923, 12. 12.–20. 12.
1932, 23. 11.–03. 12.
1933, 28. 11.–15. 12.
1934, 05. 12.–22. 12.
1938, 23. 11.–14. 12.
1939, 08. 12.–23. 12.
1946, 23. 11.–11. 12.
1947, 05. 12.–22. 12.
1950, 23. 11.–05. 12.
1951, 24. 11.–16. 12.
1951, 07. 12.–22. 12.
1962, 23. 11.–10. 12.
1963, 30. 11.–22. 12.

Wenngleich Schützen mit ihrem Expansionsdrang manchen Wirbel auslösen –
ein Team ohne Schützen ist eigentlich ein Gulasch ohne Paprika, eine Suppe ohne Salz.

Steinbock

Für den Steinbock der ersten Dekade steigt das Zeichen Schützen auf, in der Zeit von

> 06.00 h bis 08.00 h,
> für den der zweiten Dekade zwischen
> 05.00 und 07.00 h,
> und den der dritten Dekade zwischen
> 04.30 h und 06.00 h.
> Der Aszentend Fische zeigt sich für Steinböcke der ersten Dekade in der Zeit zwischen
> 11.00 h bis 11.30 h,
> für solche der zweiten Dekade von
> 10.30 h bis 11.00 h,
> und für die der dritten Dekade von
> 10.00 h bis 10.30 h.

Die gleiche wohltuende Wirkung vermittelt auch ein gut plazierter Jupiter im Individualhoroskop. Für die Steinböcke der Jahrgänge 1911/12, 23/24, 35/36 und 47/48 stand Jupiter so im Zeichen Schütze,

für die Jahrgänge 1915/16, 27/28, 38/39 und 50/51 stand er im Zeichen Fische und entfaltete seinen jovischen Einfluß.

Der gute Jupiter kommt sogar noch zu gesteigerter Entfaltung, wenn er im Zeichen seiner Erhöhung steht, im Krebs.
Davon profitieren die Steinböcke der Jahre 1918/19, 30/31 und 42/43.

Bei den Managern in spe sind es die Jahrgänge 50/51 und 54/55, die ebenfalls durch Jupiter begünstigt sind.

Aszentend Widder:
für die erste Dekade in der Geburtszeit von 12.00 h bis 12.30 h,
in der zweiten Dekade von 11.30 h bis 12.00 h,
in der dritten von 11.00 h bis 11.30 h.

Aszendent Skorpion:
erste Dekade von 03.00 bis 05.30 h,
zweite Dekade von 02.30 h bis 04.30 h,
dritte Dekade von 01.30 h bis 04.00 h.

Die mobilisierende Kraft des Mars kann, wie beim Jupiter, auch aus seiner Stellung als Planet wirksam werden. Aus dem Zeichen Widder für die Jahrgänge 1909/10, und 24/25,
aus dem Zeichen Skorpion für die Jahrgänge 1921/22, 23/24, 38/39, 40/41 und 41/42.

Beim Nachwuchs durch Mars begünstigt sind die Steinböcke aus 53/54 und 55/56 sowie 56/57.

Wassermann

Wir haben gesehen, daß der Einfluß des Uranus den Wassermann für alles Neue, auch Umstürzlerische und Zukunftsträchtige empfänglich macht.
Nun steht der Planet Uranus ja höchst selten in seinem eigenen Zeichen – nämlich nur alle 84 Jahre.
Geschieht das aber, so ist sein Einfluß unverfälscht. In solchen Fällen werden Wassermänner reinsten Wassers geboren. Das traf zu für die **Jahrgänge 1912, (ab dem 1. Februar) bis 1919.**
Von den weiß Gott umstürzlerischen Jahren zwischen dem 1. Weltkrieg bis zur Gründung der Bundesrepublik waren alle Menschen betroffen, aber höchstwahrscheinlich waren Wassermänner dieser Jahrgänge von den Ereignissen ganz besonders fasziniert.
Der Einfluß des Uranus in seinem eigenen Zeichen wurde vielleicht am besten widergespiegelt durch die Aufbruchstimmung der Jugendbewegungen in den ersten 3 Jahrzehnten dieses Jahrhunderts, die von der Heilserwartung auf eine bessere Welt getragen wurden und nach Neuordnung suchten – gleich welcher Fahne sie folgten.
Besonders beeinflußt wurden Menschen folgender Geburtszeiten:

1. Dekade: 8 Uhr bis 8 Uhr 30 Minuten
2. Dekade: 7 Uhr 30 bis 8 Uhr
3. Dekade: 7 Uhr bis 7 Uhr 30.

Gebremster Schaum

Der Wassermann, um das noch einmal zu wiederholen, ist im Grunde ein phantasievoll denkender Reformer, nicht frei von Ungeduld und selten stetig.

Wer nun bremst diesen Überschwang? Saturn, den wir aus dem Portrait des Steinbocks kennen, der Planet, der „ein festes Fundament" baut. Positive saturnische, das heißt in diesem Sinne stabilisierende Einflüsse, haben folgende Jahrgänge:

> 1914 und 1915
> 1922 und 1923
> 1927 bis 1929
> 1938 bis 1940
> 1943 und 1944
> 1951 bis 1953
> 1968 und 1969

Positive saturnische Einflüsse über den Aszendenten haben Wassermänner mit folgender Geburtszeit:

> 1. Dekade – 6 Uhr 30 – 7 Uhr 30
> 2. Dekade – 5 Uhr 30 – 7 Uhr
> 3. Dekade – 5 Uhr   – 6 Uhr 30

Wie ich eingangs schon sagte, ist Uranus ebenfalls der Planet der Astrologen, und so ist es nicht verwunderlich, daß diese Jahrgänge, 1912 bis 1919, bedeutende Astrologen hervorgebracht haben – unsere Lehrer.

Fische

Auf die positiven Einflüsse des Neptuns – starke Intuition bis zur Medialität – können sich besonders die Fische folgender Jahrgänge verlassen:

1903–1915
1957–1969

Sie können mit dem „Pfund ihrer Imaginationskraft" wuchern, denn ihre Sonne empfängt wohltuende Kräfte aus Zeichen gleichen Elements.

Merkur in Wassermann, hatten wir gesagt, läßt Fische zielgerichteter denken, die erste Voraussetzung dafür, daß Träume realisiert werden können.

Merkur im Zeichen Wassermann hatten folgende Jahrgänge:

       1915
       1916 1. und 2. Dekade
       1917 1. und 2. Dekade
       1918 1. Dekade
       1922
       1923 1. und 2. Dekade
       1924 1. Dekade
       1928 2. und 3. Dekade
       1929
       1930 1. und 2. Dekade
       1931 1. Dekade
       1935
       1936 1. und 2. Dekade
       1937 1. und 2. Dekade
       1942
       1943 1. und 2. Dekade
       1944 1. und 2. Dekade
       1948 und 1949
       1950 1. und 2. Dekade
       1955

Die zweite Voraussetzung wäre ein Widderaszendent. Dabei geht zwar viel vom fische-typischen Charme verloren, aber ermöglicht endgültig, daß Erträumtes und Erdachtes tatkräftig realisiert wird. Das Zeichen Widder steigt auch für Fische mit der ungefähren Geburtszeit von:

       8 bis 9 Uhr, 1. Dekade
       7 bis 8 Uhr, 2. Dekade
       6 Uhr 30 bis 7 Uhr 30, 3. Dekade.

Fische

Wie am Beispiel Einstein gezeigt, ergibt eine Verbindung von Uranus und Neptun den sogenannten „Weisheitsaspekt"; eine Verbindung von Merkur und Saturn die Mathematikerkonstellation. Eine Uranus-Neptun-Verbindung haben alle Fische der Jahrgänge 1937–41/42 im Horoskop. Die Mathematikerkonstellation hilft allen Fischen folgender Geburtsdaten:

        01. 03.–07. 03. 1913
        20. 02.–20. 03. 1915
        20. 03.+21. 03. 1919
        01. 03.–08. 03. 1923
        02. 03.–07. 03. 1925
        01. 03.–06. 03. 1926
        11. 03.–19. 03. 1929
        11. 03.–17. 03. 1931
        08. 03.–13. 03. 1932
        17. 03.–21. 03. 1938
        16. 03.–21. 03. 1939
        20. 02.–28. 02. 1941
        20. 02.–25. 02. 1943
        23. 02.–29. 02. 1944
        24. 02.–27. 02. 1945
        23. 02.–28. 02. 1946
        12. 03.–17. 03. 1949
        25. 02.–07. 03. 1954
        20. 02.–24. 02. 1956
        19. 02.–25. 02. 1957
        20. 02.–24. 02. 1958
        20. 02.–22. 02. 1959
        11. 03.–20. 03. 1960

Warum man auch damit nicht unbedingt ein Einstein wird, könnten Wissenschaftler der Genetik zu erklären versuchen.
Für einen „sterblichen" Fisch aber sind diese Aspekte eine enorme Hilfe.

Aber es gibt leider auch sehr gefährliche Konstellationen. Fische mit Neptun im Quadrat oder in der nicht entspannten Opposition – ich muß hier einmal leider astrologische Bezeichnungen verwenden – sind besonders suchtgefährdet, sei es durch Drogen oder Alkohol.
Sie neigen zur Realitätsflucht. Die schöne erträumte Welt als „schöner Schein" wird dann in der Verklärung durch den Rausch gesucht.
Wer um solche Gefährdung weiß, tritt seinen Kampf dagegen gewappneter an.
Konstellationen dieser oder ähnlicher Art sind aus dem Individualhoroskop zu entnehmen.
Von dem dynamisch-egoistischen Einfluß des Widders haben wir gesprochen.
Eine Gefährdung durch Widder entsteht bei starker Prägung dieses Zeichens und führt zur Flucht in die Arbeit.
Auch dies ist eine Art Betäubung – Fische mit solchen Einflüssen laufen ihren Konflikten durch Flucht in die Aktivität davon.